U0904573

牛郎官庄

山东村落田野研究丛书

张士闪 李松 总主编

郭俊红 王园 著

山东大学出版社

《山东村落田野研究丛书》
编委会

总序

编纂一套山东村落田野调查方面的丛书，立意甚早。20多年来，以山东大学为核心的山东民俗学团队，每年都会安排多次村落田野调查活动，许多博士、硕士学位论文也以村落为田野点，注重对田野材料的挖掘与分析，紧贴乡土作实证研究，迄今竟有百村之数。学术论文的阅读群终归有限，将这些辛苦得来的第一手田野资料，以写实的手法呈现出一个个真实的村落世界，向社会提供一份可信的国情资料，一直是我们共同的心愿。

2016年夏，山东大学民俗学研究所与山东大学出版社共同策划、申报“山东村落田野研究”选题，并于2017年春被列入国家出版基金规划资助项目，夙愿终偿。我们从以山东村落为田野点的博士、硕士学位论文中遴选出20种，邀约作者遵循“深描村落生活，凸显村民主体，梳理乡土文脉，展现国情底色”的原则，进行改写或重写。为使这一原则不致落空，我们课题组密集举办三次小型研讨活动，达成如下共识：

首先，小中见大，述而见议。这套丛书所选村落虽然都在山东，但学术视野并不自我设限，讲究以小见大，寓学理于讲述之中，助推对于中国社会的深入理解。这需要作者秉持综合、开阔的学术眼光，既关注村落的历史脉络，涵括其驳杂的历史动态，又聚焦当今村民主体话语，反映村落的社会现实和未来走向。

其次，关注传承，着眼动态。在乡土社会发生剧变的当下，我们理应重新观察和思考作为人类最基本的生活共同体的村落，关注其自治传统的传承及组织机制，得出符合其自身历史实际和内在逻辑的阐释。村落描述，不应该成为乡村琐事的拼盘，也不是对于一个个村落凝固幻象的编织，甚至也

不应满足于立此存照式的一幅幅风俗画。我们深信，就在众多村落所呈现的异同之间，蕴含着中国基层社会的真正奥秘。

再次，村民本位，日常视角。坚持村落民俗志描述中的村民本位，摆脱那种将文人的文字传统视为“唯一性知识”的旧习，将村民日常使用更广泛的口述、物象、仪式等知识形式，放在至少是与文字同等的位置。我们深知，白纸黑字所代表的文字表达传统，仅仅是占社会总体人数很少的文人阶层所推重的一种特殊知识形式，而远非人类知识之全部。在乡村社会中尤其如此。将村落的历史、当下与未来贯穿起来的村民，在“过日子”中凝结而成的丰富知识形式，理应在村落民俗志中显现光彩。我们期望这套丛书出版后，不仅供学者研究、都市人阅读，还有村民愿看，甚至成为村落典藏。让乡土知识真正实现“从民众中来，到民众中去”，是我们最大的心愿。

新世纪以来，随着以全球化、都市化为特征的现代生活的迅速普及，乡土民俗的连续性、系统性、整体性已严重受损，曾作为中国社会主体的乡土村落正经历巨变。但无论如何，村落依然是中国传统文化的重要承载地，农民是绝不可轻忽的文化传承主体。当代学者的一项重要使命就是关注村落，将村落中的人、事、文化传统与生活现状等视为一个整体，通过深描村落社会运行的逻辑，阐释村民的生活世界及其赋予生活的意义之所在，并在此基础上对其组织形态、机制及变迁予以描述与推导，这对于理解中国乡村文化传承乃至整个中国社会大有裨益。我们深知：梳理中国村落的历史来路，叩问其从何而来；展示由形形色色民俗事象所构成的村落人文世界，理解现状与内在脉络；观察村落在现代化进程中的遭遇与新创，关注其向何处去——这应该成为村落研究介入当代中国社会发展、彰显乡村文化茁壮活力的基本向度。

一、中国村落研究传统

生于乡土，终老乡土，曾在漫长岁月中被绝大多数国民视若天经地义，这一社会事实本身即足以显示村落的意义。我们相信，“在村落中研究”（格尔兹语）的学术实践，在当今“世界史”“全球史”风起云涌之际，不仅没有过

时，而且不可或缺。毕竟，无论是重述“亚洲”，还是重述“世界”，我们仍要以乡土中国为立足点。

传统意义上的村落，自有其历史渊源与发育过程。村落社会的组织与运行，离不开稳定的民俗传统的传承。民俗传统既具有群体规约性质，又能为民众提供身份认同与人生意义，因而蕴含生机，常在常新。村落之为“问题”，乃是 19 世纪末 20 世纪初，一批知识分子基于晚清社会之变局“眼光向下”的产物：一方面，受西方入侵影响，新的生产方式与经济结构已日益内嵌于中国基层社会，传统时代城乡互动的社会运行模式被打破，作为中国乡土社会基本单元的村落日渐萎缩，成为当时中国社会整体发展失衡状况的表征之一；另一方面，以“西学东渐”为背景而形成的革命性、现代性强势话语，逐渐渗入乡土社会，持续改写着村落发展的内在逻辑，造成了民间自治传统的失衡或断裂。[①] 以此为背景，乡土社会成为当时知识精英普遍关注与“拯救”的对象，村落则成为中国现代学术研究的重要单元。

诚然，学术活动不能没有研究单元的设计。20 世纪上半叶，以费孝通、林耀华等为代表的中国学者，就注意选择村落或村寨为研究单元，并在其学术生涯中长期坚持，认为村落既是便利研究者做全面了解的较小的社会单位，又是反映人们社会生活的比较完整的切片。[②] 其中奥秘，恰如英国人类学家布朗所强调的，对于一个村庄进行细致入微的研究的意义在于——既要看到村落社区生活的某一个方面在整体的社会生活中的功能，也要看到这个村落本身的组成结构。[③] 钟敬文在 1983 年中国民俗学会成立的讲话中，将“搞民俗学当然着重在广大农村”当作不言而喻的前提[④]，后又在不同场合多次表述，获得了国内民俗学界的广泛响应，乃至成为经典范式。20 世纪 90 年代初，刘铁梁从民俗传承生活空间的角度，论述了村落作为基本研究

---

① 参见张士闪：《“顺水推舟”：当代中国新型城镇化建设不应忘却乡土本位》，载《民俗研究》2014 年第 1 期。

② 参见费孝通：《江村经济——中国农民的生活》，商务印书馆 2001 年版，第 24 页。

③ 转引自赵旭东：《权力与公正——乡土社会的纠纷解决与权威多元》，天津古籍出版社 2003 年版，第 10 页。

④ 参见钟敬文：《民俗学的历史问题和今后的工作》，载《钟敬文自选集》，首都师范大学出版社 2008 年版，第 409 页。

单位的意义，明确了村落研究在民俗学学科中的理论地位。[①] 时至今日，以村落为单元进行研究的学者仍为数众多，跨越民俗学、人类学、社会学、历史学、民族学、艺术学等学科。诚然，在国土广袤的中国，无论从事怎样的课题研究，从相对自成体系而又较小的村落生活共同体入手，自有其合理性，而且有望产生深厚的学术理论意义。更何况，村落研究还被赋予认知历史、立足当下、面向未来的重要使命。村落形态尽管一直处于或微或巨的变化之中，但它所塑造的文化模式与传统，在可预见的未来中国仍具重要价值，乃是不争的事实。

但与此同时，对于以村落为研究单元的批评一直不绝于耳。美国学者施坚雅的批评可谓尖锐："研究中国社会的人类学著作，由于几乎把注意力完全集中于村庄，除了很少的例外，都歪曲了农村社会结构的实际。如果可以说农民是生活在一个自给自足的社会中，那么这个社会不是村庄而是基层市场社区。"[②]在施坚雅的"市场圈"理论之后，又陆续出现了祭祀圈、婚姻圈、联村组织等研究范式，对村落研究模式予以拓展，努力将村落单元置于更大范围的区域社会脉络中予以理解。毕竟，村落社会并非村民的简单集合，村民生活也并非只与村落有关。自古及今，村民与村外世界联系的普遍性是无可置疑的。[③]

围绕村落作为研究单元的种种争论，有相当多的误解在内。比如：对于村落生活共同体的基本理解，是被动、静态，还是动态、开放？争论双方其实是基于不同的预设。村落研究，如果将村落理解为动态、开放的社区，就应该成为从村落出发的研究，以小见大地拓展个案研究的价值，而那种从较大区域展开的研究，如果将村落理解为被动、静态的社区，也不见得就一定贴

① 参见刘铁梁：《村落——民俗传承的生活空间》，载《北京师范大学学报（社会科学版）》1996 年第 6 期。最近，他对此作了更明确的表述："村落被民俗学者视为田野调查的最佳场域，也是最基本的空间单位……民俗学把村落作为一个整体的小社会进行观察和分析。在村落中观察到的民俗文化事象，具有时空的限制意义。"（刘铁梁：《"深描"中国村落文化变迁》，载 2017 年 7 月 10 日《中国社会科学报》）

② ［美］施坚雅（G. William Skinner）：《中国农村的市场和社会结构》，史建云、徐秀丽译，中国社会科学出版社 1998 年版，第 40 页。

③ 即使在前现代化时期，村落本身也不可能像老子所说的"鸡犬之声相闻，民至老死不相往来"，如多村共用一庙、信仰仪式的村落轮值等。当代学界热衷于以"古村落""传统村落"等为研究对象，频繁使用"原生态""原汁原味""本真性"等概念，其实都是以将封闭自足视作村落的"典型"状态为预设的。

近了“农村社会结构的实际”。其中的关键，是对于乡村社区与村民主体之间互动关系的理解，而不在于所选择的研究单元的大与小。即便是规模不大的村落，毕竟也是民众多种力量共存的、活态的生活共同体。其实，在中国乡土社会研究中，真正让人遗憾的是对于村民主体性的轻忽或漠视，这是在上述研究模式中一直未能得到根本改变的死角。

二、村落研究，应聚焦民众主体

绝大多数的村落研究，往往将民众的文化笼统地归于“民俗”，似乎民众的文化生命是以“民俗传承”来丈量或维系的。厘清民众与民俗的关系，将有助于拨开笼罩在村落研究中的多重迷雾。民俗，究竟是民众自发的文化创造，还是基于“一二人倡之，千百人和之”的精英引领，抑或不过是国家大一统进程中“礼化为俗”的结果？细究之，上述三种观点虽都不免以偏概全，却也都道出了民俗的某一要义。若将三者统观，庶有助于对“民俗”乃至村落的理解。

首先，民俗的本质是民众主体的文化创造，自无可置疑。民俗传统，即民众在长期生活实践中，以约定俗成的方式促使某种价值规范发生从世俗到超验的升华过程。值得注意的是，这一升华过程绝不是一朝一夕所能成就，也并非一成不变，而是在民众生活共同体内部始终蕴含着多变的可能，呈现出活态性质。同时，再有力的国家行政运作，也无法随意篡改民俗传统或改变村落社会的民众主体性质。近年来对于当代村落的近距离观察，使我们更加确信：在当下新型城镇化的浪潮中，民俗传统不仅没有遁隐，而且变得更富弹性与多元。时至今日，某些村落的发展轨迹时显诡异，其“突然终结”与“奇迹再生”之现象让人大感迷惑。究其实，民众力量在社会剧变中的屈抑与释放当是理解这一现象的重要维度。

其次，自古以来，民俗的形成与发展均离不开知识精英的引领作用。我们在田野作业中发现，很多民俗传统一开始是作为事件应激之文化反应而出现的，如村落形成之初的生存所需、灾乱年头的秩序维持、太平时期的发展机遇捕捉等。这种因应激而形成的文化反应，不会随着事件的完结而迅即消失，而是沉淀、扩散到地方生活中，形成社会经验，此后又会在后发的事

件应激中被运用，最终磨合成一种社会行为模式。在应激事件、应激性文化反应与社会行为模式的互动过程中，离不开少数文化精英的有意识运作，并最终使之沉淀为乡土民俗。恰如“民俗”之作为现代学术概念，也是伴随着现代城市化的发展进程而为知识精英所发明并设置意义的。正像铃木正崇所说：“直到近代，‘民俗’与‘传统’在消灭和生成的间隙中得以发现。”[①]不过，少数知识精英的引领作用，从来是与其“适于时而合于势”的行为选择密切相关的。兹以地方志书中的灾荒记录为例予以简单说明。地方志书中总是凸显地方精英的非凡作用，比如为减税急赈而为民请命、订约立碑以控制社会秩序等，而将一方民众作为背景因素，至多以“民不聊生”“饥民四起”等语大略言之。这显然并非社会事实。实际上，精英的行为往往是受地方社会情势所激，其对于当时国家政治态势的估测，与对于地方民众心理的揣度，为其行为选择提供了关键性依据。但作为地方社会情势重要构成因素的民众，却在地方志书中被大大忽视了。

再次，中国很早以来就已形成所谓的“礼俗社会”，传统中国作为一个复杂社会系统，在民间生活与国家政治之间有着复杂而深厚的同生共存关系。纵观一部中华文明传承发展史，国家意识形态经常借助对民俗活动的渗透而在乡村生活中贯彻落实，形成“礼”向“俗”落实、“俗”又涵养“礼”的礼俗互动的政治框架。礼俗互动，既包括民众向国家寻求文化认同并阐释自身生活，也体现为国家向民众提供认同符号与归属路径。换言之，借助民俗文化的生机跃动，民间社会始终发挥着对于主流文化的葆育能力。以此为基础，在中国社会悠久历史进程中的“礼俗互动”，就起到了维系“国家大一统”与地方社会发展之间平衡的作用。[②] 国家政治与民间自治之间的互动关系，不仅形塑着社会组织的基本形式，也由此产生了社会生活层面的文化交织现象：“国家对村落的政治干预与民间自治之间有长期互动的历史，结果是形成了今天(家族村落)聚落联合体的基本组织形式。”[③]以此理解中国大地上的众多村落，庶有较通观的眼光。

---

① ［日］铃木正崇：《日本民俗学的现状与课题》，赵晖译，载王晓葵、何彬编：《现代日本民俗学的理论与方法》，学苑出版社 2010 年版，第 3 页。

② 参见张士闪：《礼俗互动与中国社会研究》，载《民俗研究》2016 年第 6 期。

③ 刘铁梁：《传统乡村社会中家庭的权益与地位——黄浦江沿岸村落民俗的调查》，载《北京师范大学学报(社会科学版)》2001 年第 6 期。

三、村民口述的意义

走进村落，不仅要关注“民生”，而且要体察“民心”，感受民众生活史与心态史的双重意义。面对民众的生活与文化，传统的学术工具似乎不那么灵光了。

比如，我们在村落调查中，经常有各种各样的困惑。为什么历史上的某一事件，会频繁地被村民表述，还被表述者加上了许多的发明和创造？不仅如此，看起来离“真相”越来越远的表述，反倒经常成为后人的话题中心，并在现世生活的裹挟下发生效用，而事件本身（即所谓“真相”）倒不见得重要了。还有，为什么是历史上的这一事件而不是另一事件，频繁地被这一地方而不是另一地方的人不断关注，并“折腾”出了这样的而不是别样的传统？有果必有因，有事必有人，民间自有其文化选择与传承的机制——没有关注，就不会有表述；没有关注和表述，就不会有传统的发明和创造。

显然，前者关注的是一种文化传承的线性历史，后者则关注其内在结构逻辑，耶鲁大学教授萧凤霞试图以“结构过程”①涵括二者。要想真正地解惑答疑，就必须在具体的区域社会空间中将二者结合起来，关注某一传统从过去到现在的建构过程与多元指向，并特别聚焦其主体表述。这一研究模式的策略是，一种传统在不同时代留下的表述有或微或巨之别，而就在种种表述的同异之中，蕴含着区域社会发展的历史脉络与内在逻辑。因此，我们的工作首先是挖掘各种表述，然后在各种表述之间寻找关联，总结民间叙事的特征，并在此基础上还原“社会事实”，建构逻辑关系。鉴于历史上官方、知识精英与民众的互动情形驳杂不一，我们今天所见的“传统”基本上都已经历过无数次改写，只是我们难以知情罢了，因此必须保持足够的警觉。这也意味着，我们在关注传统的线性历史脉络的同时，要特别关注地方社会中人的创造能力及创造逻辑。

用这样的眼光看，民间口述材料中所谓的“随意性”，不但不应是拒绝采信的理由，反倒要视为民间叙事乃至地方生活的应有特征，为我们解读历史

① 萧凤霞：《廿载华南研究之旅》，载《清华社会学评论》2001年第1期。

提供了一种相对稳实可靠的地方逻辑。一个人（当然也包括多人）对于同一事件的不同表述，既可以是基于生活状态与交流情境不同而形成的差异，也可能是他对事件表述的不同侧面的选择，还可能是他自身“觉昨非而今是”而有所改变的结果。叙事者，既是能动的个体，又会受到国家历史进程与地方社会发展格局的影响。更重要的是，国家历史进程与地方社会发展并不是作为人类个体活动的静态背景而存在的，而是通过无数个体的能动性活动才得以实现的。个体与群体的叙事及其他行为，对于地方社会发展与国家历史进程的推动作用，至今尚难以准确估测，但在它们之间存在着至为复杂的关联与互动关系，则毫无疑问。因此，民间叙事基于村落生活而呈现出的所谓“随意性”，不但不是田野研究的绊脚石，反倒蕴含着学术进步的契机，因为这是理解村民的历史观、价值观的必由之径。

村落中的民间叙事，还会努力保持与地方志、族谱、文人著述等文字传统的一致性。比如，它们都倾向于将本地区的历史与文明传统演绎得悠久古老，竭力与上古圣贤、神灵怪异建立关联，以贴近“人杰地灵”的叙事逻辑。显然，地方社会一直在不断地重新定义和建构自身传统的神圣与伟大，只不过官方和文人的叙事多以县境为单元，村民则多以村境为指向，官民之间经常发生的“文化合谋”即在此背景下展开。这与现代婚礼上对于恋人“缘分”的演绎，电视选秀者对其生平际遇的“赋值”等现象，如出一辙。其中的关键是如何建构叙事的合理性，以感染受众，并挟以自重。由此可知，执着于对民间叙事证实或辨伪的学者，既难以理解历史，也不能洞悉民众智慧。

村落研究，是不能不将历史学与民俗学、人类学的研究方法加以综合运用的。就村落史研究的学科传统而言，历史学追求历史真相，其研究注重证实或辨伪，而民俗学、人类学则关注民众如何记忆历史，以及为什么这样记忆历史。村民的历史记忆可以是虚构的、附会的、可改变的，因为它指向的是意义。比如，在山东各地的移民传说中，潍水以西大都说是来自山西洪洞大槐树（有的强调是由河北枣强中转而来），潍水以东的胶东半岛则普遍流传着“小云南移民”的说法。虽然众口一词言之凿凿，但在历史上不可能村村如此。然而，人们还是将传说演绎为一种显赫话语，争相讲述、争论与传播。在争来说去之间，这一传说就被广阔地域的人们演绎为一种有意义的历史记忆，衍生出文化认同、精神安顿等现实意义。克拉克认为：“人类学者

一向比社会学者和历史学者对于历史意义的重要性更为敏感。和'什么事实际上发生过'同样重要的,是'人们以为发生过什么样的事',以及他们视它有多么重要的。"[①]真正的村落研究,不仅是在为包括历史学在内的多种学科提供民众口述资料,其实还有更为重大的使命,就是挖掘和呈现民众生活实践中的文化创造及其价值建构。遗憾的是,后者至今仍为包括民俗学者在内的众多学人所轻忽。

四、以学者与村民合作的民俗志书写方式,推进当代村落研究

近年来学界劲吹"田野风",进入村落成为时尚。特别是有老建筑遗存的古村,学人更是纷至沓来。热衷于进村者,并非都出于对村落价值的珍视与对村落发展的关怀,但对村落的影响却是强大而持续的。在这一切的背后,是国家战略聚焦乡村,社会资本涌入乡村,乡村成为当代社会的"宝地"。

历史告诉我们,乡村社会的良好发展是国家长治久安的基础。不过,在此时此刻,如下追问也许并非多余:我们真正了解我们匆遽进入的乡村吗?我们所理解的、要保护的乡村文化生态是自然真实且可持续的吗?我们的意愿也是生于斯长于斯的众多父老乡亲的愿望吗?这方水土会因我们的进入而更加美好吗?须知,在"现代化发展"这一庞然大物面前,乡村自然与人文生态系统是何等脆弱,而乡村所积淀的传统智慧对于人类未来发展则弥足珍贵,任何人、任何力量都无权损之毁之。广阔的农村天地首先需要被准确认知,然后才有可能"大有作为"。面对村落,如何才能更好地认知、更深入地理解与更准确地描述呢?

就本套丛书的众多作者而论,虽然早先在博士、硕士学位论文的写作过程中,已对村落有相当了解,但受到学位论文写作时间的限制与研究能力的制约,其村落民俗志描述少有村民的内部视角。我们期望在这套丛书的写作中,通过学者与村民的深度合作,尽量多地呈现二者的不同视角,尽

① [美]克拉克(Samuel Clark):《历史人类学、历史社会学与近代欧洲的形成》,贾士蘅译,载[加]玛丽莲・西佛曼、P. H. 格里福编:《走进历史田野——历史人类学的爱尔兰史个案研究》,(台北)麦田出版股份有限公司1999年版,第386页。

量多地留存鲜活的乡土气息。

1. 对于村民的内部知识，不妄加评论，而采用现象描述的方式，呈现真实的民众心态。

初入田野者，最常见的毛病便是盲从自己的知识“先见”，乍见村落种种现象，就匆匆忙忙做类型区分和价值判断。比如，对于村民信仰活动，或要评判是否迷信，或要区分是道教还是佛教。这样的知识“先见”，其实是基于对中国社会的肤浅理解。看似荒诞不经的言行，往往背后蕴含着民众的真实心态，是解读村落心史的难得资料。本套丛书中《胡集村》一书的作者王加华，曾携初稿进村交流。村民以当地说书前惯用的几段开场白[①]为证据，坚持认为本村起源于春秋时期，已有 2000 多年历史。这一说法无疑是非历史的，却正反映了村民希望将本村历史拉长与神圣化的真实心态。作者最终定稿时，对此就没有予以简单地抹杀或揶揄，而是在列举地方志书中的“明初立村说”之后，呈现村民的“春秋立村说”及其依据，同时保留村民的其他说法，这无疑是确当的。

当然，在学者与村民的交流中，也会有村民揣摩学者意图而对村落内部知识加以改装，往学者这边贴靠。这既与现实生活中学者话语的强势地位有关，也表现出村民对外来话语（包括学者）的利用心态，后者尤其值得注意。一些有见识的村民，一旦察觉到学者话语有助于所在村落的“增值”，往往就会抛弃己见，欣然赞同学者的说法，甚至热心地帮助寻找证据。虽然这也是村落知识增长的一种方式，但目前却还处于不稳定状态，需要将之与村落中比较稳定的知识范畴相比照，否则，我们对村落的理解就不免浮光掠影。

2. 丛书最后特设专章“村里的人　村里的事”，附录“重要民俗资料提供者简介”与村民所用文献，以凸显村民的主体叙事视角。

“村里的人　村里的事”专章的设计，意在以词条单列的方式，突破传统村落民俗志书写的静态幻象，在以事带人的生动描述中展现村落中的特

---

① 胡集书会汇聚南北说书人，常用的开场白有：“道德三皇五帝，功名夏后商周，五霸七雄闹春秋，顷刻兴亡过手。”“孔夫子周游列国，子路沿门教化。柳敬亭舌战群贼，苏季子说合天下。周姬佗传流后世，古今学演教化。”“扇子一把抡枪刺棒，周庄王指点于侠。三臣五亮共一家，万朵桃花一树生下。何必左携右搭。”

色文化。要想做到这一点并不容易。如张士闪和张帅在完成《洼子村》一书初稿后，曾专门回村细读给7位老人听，在热烈的讨论交流中，重新审视或矫正书中的原有观点。有村民尖锐地提出，原书稿过于突出巫婆神汉、善人及其信仰活动[①]，应该为本村烈士、支前英雄"树碑立传"，突出"教师村"的形象，并提供了相关资料。我们据此进行调整，新增"教师村""红色记忆"两个词条，与原有的"公事总理""礼仪人家""善人"等并置相映，就明显合理多了。这一修改书稿的过程，其实是学者与村民的两种叙事风格的并置与互动的过程，由此形成的村落民俗志自然会较前丰厚许多。

重要的民俗资料提供者，通常属于村民心目中"会看事""会办事""会说话"的人，经常代表村民向外人表述"村落文化"，其话语当然也会经过其自身的选择、加工而具有个人色彩。我们需要进一步观察，大多数村民会认同他作为村落文化代言人的角色吗？不善于对外人表述的大多数村民，如何评价他的话语？学者的到访，是促成了村民对其话语的接受还是相反？这些都需要格外留心。书后所附"重要民俗资料提供者简介"，意在呈现其个人基本信息，供读者进一步了解与思考。

书后所附的村民文献，与学者所撰写的正文文本形成有趣对比。学者与村民之间，注意点不同，知识储备、思想局限有别，而对村民村事的价值预设也差异明显。比如，围绕同一个村落的民俗志表达，学者所感兴趣的是如何呈现其所理解的"村落"，往往是看了地方志、地图、家谱、碑记等以后，再去跟村民交流，有时候还会事先阅读相关论著。当今学者还会特别看重祠堂、庙宇、信仰仪式、巫婆神汉等，认为这代表了地方文化生态的完整性。对于村民而言，村落则是他们身在其中、终身归属的"家园"。曾记得在2002年，洼子村的几位村落精英接受村委会布置的一项任务，要向外来民俗专家介绍村落文化，他们将之分解成"村志""民俗概况""文化教育概览"三部分，分别撰文描述。显然，他们将"村落文化"理解为历史、民俗与"高层"文化（并视为本村的特色文化）等三大层面，这一分类颇有见地，对于我们今天理解村落及民众心态仍具启发性。

长久以来，中国乡村社会经过反复的礼俗教化，形成了基于农耕经济

① 张笃杰："看了这书，外人还以为洼子村就知道整天烧香拜佛呢！"张笃杰，山东省淄博市淄川区罗村镇洼子村人，长期担任中小学教师、校长，现退休在家。

的社区共享传统，它以乡村公共利益的高度共享来实现乡土社会秩序的长期稳定，以社区节庆、生活礼仪、生产互助、乡规民约、信仰仪式等民俗传统为传承载体，构建起中华文明绵延不断的社会基础，也是支撑当代中国乡村可持续发展的重要文化资源。当代学者应服务当下中国社会发展的现实需求，扎根村落，深入传统，以此为基础提炼研究方法与理论，建构田野研究的中国话语。我们这套丛书愿意在这一学术方向上进行尝试，抛砖引玉。

最后还要说明的是，这套丛书写作时间正值暑期，尽管各位作者都有博士、硕士学位论文的研究基础，但因丛书定位所强调的视角转换，需要大量的补充调查，有的干脆是返工重做。今夏大热，感谢各位作者不避酷暑，按时完成撰写任务。因时间匆遽，本套丛书不尽如人意之处，敬请读者诸君批评指正。

张士闪

2017 年 8 月 31 日

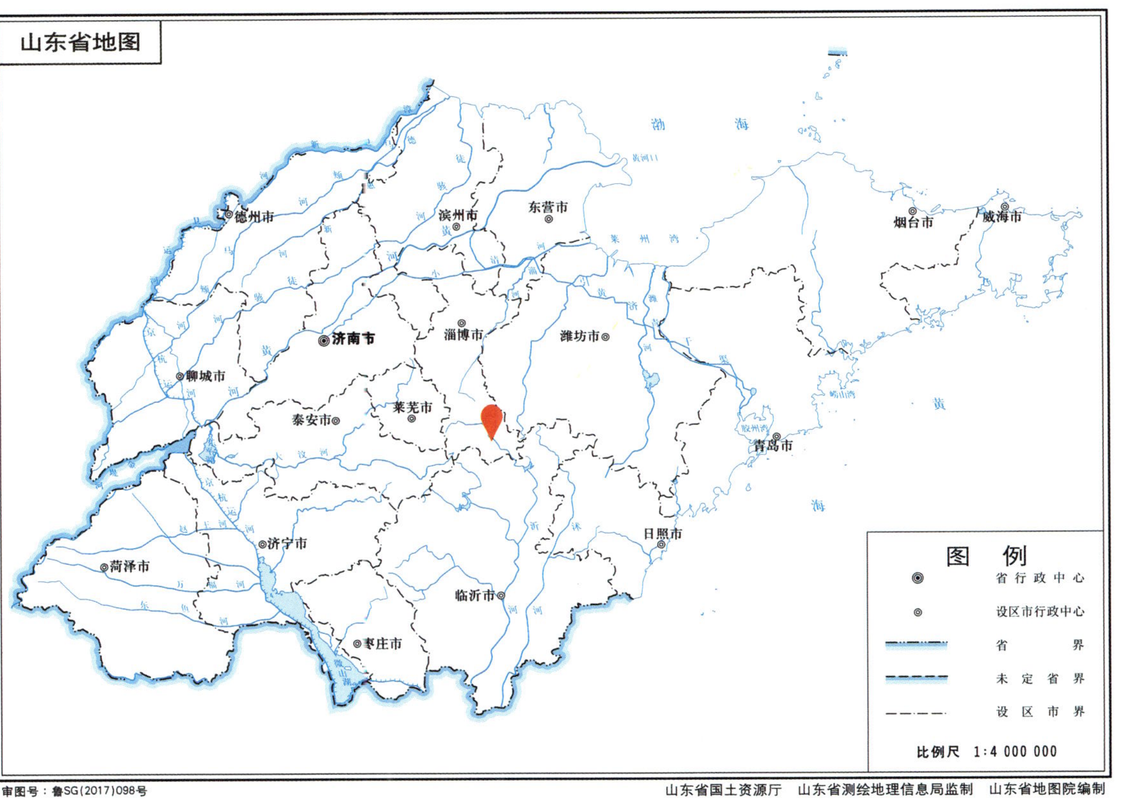

牛郎官庄地理位置示意图

目录

第一章
沂河东岸，牛郎官庄

牛郎官庄村隶属山东省淄博市沂源县燕崖镇，距沂源县中心南麻镇约15公里，距燕崖镇约4.5公里。该村地处鲁中山区，东西狭长，耕地皆为山地，大都集中于村东。村西地势相对平坦，是外界进入本村的主要通道。沂河由南向北贴村西而过，村民俗称“银河”，如今被开发为旅游胜地。村前临近沂河的是沂水通博山的故道，与河东村崖头隔路相望，俗称“沂博大道”。

当地有俗语：“先有牛郎庙，后有牛郎官庄。”据石碑记载，牛郎庙建于明万历七年(1579年)，据此推断，牛郎官庄立村时间应不早于此。据现在生活于此的孙氏家族口传，村西的牛郎庙供奉的主神牛郎姓孙名守义，是自己家族的“老祖宗”，村民都是牛郎的后代。燕崖村是镇政府所在地，是这一带的政治、经济乃至文化中心。但牛郎官庄的人对此却不以为然，他们认为本村拥有悠久的牛郎织女传说和文化信仰，应该是当地的文化中心。而且本村曾经紧挨沂博大道，也是方圆的交通要冲。平日里村民津津乐道于本村及周边地区的庙宇建筑和牛郎织女传说。村对面的大贤山织女洞、村西的牛郎庙以及隔阻织女洞与牛郎庙的沂河都成为村民日常的谈资。村民大都能熟稔地讲唱牛郎织女传说故事，而且讲唱得活灵活现、历历可证。

一、先有牛郎庙，后有牛郎官庄

（一）区域地理

沂源县因沂河发源于此而得名，其现有行政区域来自于相邻的沂水、临朐和蒙阴三县。虽然其地理位置上处于沂蒙山区西北部边缘，但行政上隶属于淄博市。鲁中腹地的沂源县是典型的山区，群山林立，境内有名字的山就多达2075个，最高点南鲁山主峰海拔1108米，为山东第四高峰。

沂源县域面积达1636平方公里，但山多地少，人均耕地面积更是了了。自然环境的贫乏，加上十年九旱的恶劣气候，使得沂源民众的生活来源不能单一依靠传统农业。地势高、光照强、昼夜温差大的自然条件却是发展绿色无公害果品、蔬菜得天独厚的优势，沂源已成为全国果品生产百强县、水土保持先进县，被国家科委认定为"无公害苹果生产基地"。同时，沂源还是全国最大的佛手瓜生产基地和山东著名的花椒之乡。

沂源县城驻地南麻，以古时村南遍植麻而得名，现所属的区域空间来自于旧时的蒙阴与沂水县。1944年5月，沂源建县后始称"历山区"；1950年4月改称"第一区"；1955年10月改称"南麻区"；1958年3月，撤销南麻区，建立南麻镇。此后一直到2001年，其名称与所辖区域几经更替，并不稳定。但自从建立沂源县以来，南麻一直是沂源县的行政驻地和政治、经济、文化中心。

进入第二批"国家级非物质文化遗产保护名录"的牛郎织女传说的核心传承区域——牛郎官庄，在行政上隶属于燕崖镇。燕崖镇，原为燕崖乡，古称"燕子崖"，位于沂源县南部，距南麻镇9公里，总面积123平方公里，人口约3万人。境内的地质构造属寒武纪地层，青石山、沙石山和冲积洪积区面积占全乡的80%以上。从岩层形成上看，此地在两亿年前曾是汪洋大海，后来的地壳运动使得整个地区大幅度升高，形成今日雄伟壮观的山崖外貌，从燕崖镇盛产燕子石也可以说明这一点。境内山崖挺拔陡峭，比较有名的有白马崖、黄石崖、青石崖、豁达崖等。令人惊奇的是，原先在这些石崖削壁之上，有着星罗棋布般的燕巢和数不清的燕子，每到春夏或雨后之际，万燕纷飞于山崖之间，忽来忽去，忽高忽低，从空中撒下一阵阵欢闹的鸣叫声，形成一道亮丽的风景，所以人们又把这些山崖称为“燕子崖”“燕崖”，燕崖镇以此得名。

山环水抱的燕崖镇，自古以来就被认为是绝佳的“风水宝地”，是古地理学上极为难觅的“生地”。距今四五十万年前的“沂源猿人”遗址距离此地仅15公里，几万乃至几十万年前的旧石器、1万年前的细石器以及四五千年前的新石器在此都有所发现。据此可推断，燕崖地区是山东文明、沂蒙文明的一个重要的源头。

燕崖镇乃至整个沂源县是沂蒙红色革命文化的重要传承地，具有光荣的革命传统。沂河畔的牛郎官庄一带在抗日战争时期设有八路军山东纵队兵工一厂，其中在王灵观中建有木工车间，专门生产枪托、手榴弹柄、弹药箱等。1939年6月，兵工厂被日寇发现，遂遭灭顶之灾，迎仙观的所有建筑被夷为废墟。迎仙观道士王元修、刘明仁为保护兵工厂掩埋的器械宁死不屈，惨死在日军的刺刀下，被誉为“爱国道人”。

清道光《沂水县志》载：

> 县西北百三十里，沂水经其东北崖畔，有织女洞，自顶至麓古柏森列，逶迤三四里，旧志名凤凰山。山有织女洞，临沂水，高峻险绝，莫敢俯瞰。转眺而北一瀑飞来，势若游龙。①

大贤山织女洞的秀丽风光跃然纸上。大贤山山顶附近，还有几处断壁残垣和当年八路军和国民党军队抗日的山围子以及碉堡。而织女洞还曾是八路军兵工一厂的所在地。21世纪初，在这里发现了当年遗留的手榴弹和迫击炮弹零件，现已被精心封存。类似的抗日遗迹在石桥乡凤凰山、圣佛山等许多沂蒙山头上处处可见，在石桥乡凤凰山的山谷里，当年为抗击日本侵略者，国民党军队在突围中曾牺牲了600多名抗日英烈。大贤山上的抗日道士王元修和他的两个徒弟以及碉堡、兵工厂等战争遗迹无不见证着沂蒙山人民抵抗外敌入侵的光荣革命传统和不屈不挠的伟大精神。

牛郎官庄所属的燕崖镇位于沂源县南端。在1944年沂源设县之前，此地隶属沂水县。1985年建燕崖乡，2010年撤乡建镇。域内辖46个行政村，3万人

① 道光《沂水县志》卷一《舆地》，道光七年(1827年)刻本。

口。境内山清水秀，气候宜人，生态优美，自古便有“待看媳妇燕子崖”之说，有千年道观神清宫、山东省海拔最高的中型水库红旗湖、百丈高崖白马崖、波光潋滟的白马河以及神奇泉景黑虎泉等多处自然和人文景观。近年来，当地“农家乐”和每年度的“七夕情侣节”“樱花节”“大樱桃采摘节”等旅游节庆活动蓬勃发展。2017 年，燕崖镇举办“2017 第十届沂源·燕崖樱花节”，展示了“大美沂源，爱情燕崖”的新形象。从 2008 年起，燕崖镇将“牛郎织女传说文化”作为发展契机，整合域内各旅游资源要素，形成了燕崖特色的生态休闲度假旅游格局，现在燕崖镇已经成为省内外闻名的旅游、度假、休闲胜地。

2008 年在牛郎官庄举办“首届中国(沂源)牛郎织女·七夕情侣节”

燕崖镇多山岭，但沂河两岸地势平坦，宜于耕种。当地民众因地制宜，积极发展农业，形成了“畜—沼—果”的循环农业发展新模式，建有万亩无公害大樱桃，万亩优质红富士苹果，万亩优质桃、李子等干鲜果品基地 4 万亩，年产果品 5 万吨，已形成“山顶松柏戴帽，山腰林果缠绕，山脚设施农业献宝”的生态农业格局。尤其是大樱桃，已成为燕崖的特色果品，全乡大樱桃总面积已达到 1.5 万亩，品种主要以红灯为主，每年果产量达到了 500 万公斤，成为淄博市最大的大樱桃生产基地。所产大樱桃个头大、色泽艳、口味好，深受消费者青睐，远销大连、北京、深圳、河北等十几个省市。农业是全镇农民

增收的主导产业。①

沂源县名出自沂河，沂河又名“沂水”，为山东省第二大河，有“沂蒙山区的母亲河”之称。其源自沂源县境，主要有徐家庄河、大张庄河、南岩河、田庄河和螳螂河五个河源。沂河出主河道田庄水库后，左纳八川，右汇六水，不厌滴滴泉水，不拒涓涓细流，南流经沂源、沂水、沂南、河东、兰山、罗庄、苍山、郯城等县区，由郯城县吴家道口村入江苏省境内，至新沂县分为两股：一股为干流，到嶂山折而向东，汇新沂河入黄海；一股为老沂河，入大运河和骆马湖，后流至灌云县东燕尾入黄海。沂河全长 574 公里，流域面积为 17325 平方公里，主要支流有东汶河、蒙河、柳青河、孝河、涑河等。大小支流百余条，集水面积为 4892 平方公里，年径流量为 35.1 亿立方米，河床最宽为 1540 米。属山洪河道，源短流急，洪水集中。沂河所经山区峰峦叠翠，平原一望无际，自然风光秀丽，名胜古迹荟萃，沂蒙山区的许多著名城镇大都坐落在沂河岸边。

沂　河

(二)牛郎官庄概况

牛郎官庄村位于沂河上游，沂河在此处的位置、流向与天上的银河惊人的相似。而被其阻隔两岸的织女洞、牛郎庙的位置也恰与天上的织女星、牵

① 参见中共沂源县委、沂源县政府：《中国 · 沂源》，2017 年 7 月 26 日，http://www.yiyuan.gov.cn/col/col9985/index.html.

牛星遥相呼应。沂河，在这里俨然就是“天河”的象征。“天空有银河，地上有沂河”，这一天作地造之巧合，为牛郎织女的传说在当地生根发芽增添了更加神奇的色彩。村西南耸立着大贤山，山脉绵延数里，山脚下的沂河蜿蜒流过，村子处于沂河北部的平地之上。村民孙启荣自豪地描述本村的生态环境：“山清水秀，抬头看青山，低头看水流。山里有鸟啼，水里有鱼游。”[①]

牛郎官庄被当地民众简称为“牛郎”。中华人民共和国成立之后，虽也紧跟时代潮流，改名为“胜利村”，但却没有引起民众的共鸣，当地人还是沿袭旧称，呼为“牛郎”。牛郎之名始于何时，已不可考。但当地民众中间却世代流传着一句建村的俗语——“先有牛郎庙，后有牛郎官庄。”可见，此村是因庙建村，牛郎庙的历史要早于村落历史。据当地石碑记载，牛郎庙大约修建于明万历七年(1579 年)。结合牛郎官庄孙氏家族的家谱记载，孙氏家族始祖于明末 1628 年，从淄川孙家大庄迁入沂水，几经辗转方才到达牛郎官庄。到达此地之后，虽已有其他家族在此居住，但时间却也并不久远，因此综合考量之下，牛郎官庄的建村应不早于 16 世纪晚期。当地民间流传的俗语应为不虚。

牛郎官庄距离燕崖镇东 3 公里，从燕崖镇到达牛郎官庄大约 15 分钟路程，现在从南麻每天也有班车到达这里。2008 年之前，本村与外界连接的道路共有两条：一条是由村西通往省道的田间土路，长约 1.5 公里；一条是从村东北通向省道的乡间柏油路，宽 5～6 米、长约 2 公里。村西头沂水河上有一座宽 4～5 米、长约 30 米的小石孔桥(始建年代未得证实)，这是牛郎官庄村由西通往外界的唯一桥梁。随着牛郎织女传说进入“国家非物质文化遗产保护名录”，牛郎官庄的对外通道发生了很大的变化，村西的乡间土路改为柏油大路，小石孔桥被钢铁大桥代替，为当地民众的出行带来了很大的便利。原先沂河流经牛郎官庄时，因为有人私挖河沙，致使河水浑浊不堪，更有数处断流。2008 年，牛郎织女传说被列入“国家级非物质文化遗产保护名录”之后，县政府不仅关闭了沂河上游的造纸厂，而且禁止任何人私挖河沙，沂河重现碧浪粼粼之状。热夏难耐之时，牛郎官庄村民在沂河岸边翠柳之下，纷纷办起了“农家乐”，城里人三五相约，围坐在沂河岸边纳凉聊天，牛郎

① 孙启荣，男，牛郎官庄人。访谈时间：2006 年 3 月 28 日。

官庄村民足不出户即可增加收入，这一切都是“非遗”带给牛郎官庄村民乃至沂源民众最切实的利益。

牛郎官庄的村落空间由村西的牛郎庙村、村中央的大官庄和村东的小官庄三部分组成，整个村庄东西狭长，像一艘停泊在沂河岸边的小船。船小容载量有限，村民有言，本村的人口不能超过 600 人，否则就会船翻人亡。船行千里最怕翻沉，因此村里不容许陈姓和崔姓村民或者家族存在，否则会给整个村庄带来灭顶之灾。[①] 也有村民解释说，牛郎官庄村落形制像一艘船，船要行驶，就要有锚，所以这个村的村民必须有姓毛的，他们村子里的前辈就请了个姓“毛”的，有姓毛的才能稳。后来姓毛的搬到井子峪里去了，这寓示“锚”跳了“井”，姓毛的人丁就不兴旺了。村里没有姓毛的了，可是毛家林子还在这里，所以也不用再去请姓毛的了。[②]

当地村民用村落空间的形状来解释村落内的人口数量和家族组成，用村庄与织女的关系来解释村落内的性别比例与本村女性娇俏的容貌。恰如织女姊妹众多缺少男性兄弟一样，牛郎官庄村民性别比例严重失调，女性数量远远高于男性。当地传说，织女姊妹众多，造成这个村子不仅女孩子数量多，而且个个都如织女一样容貌漂亮、心灵手巧。以孙氏家族的名人孙明远为例，其一生娶妻江氏、刘氏和冯氏，但这三位夫人都没有给他生过儿子，光生闺女。这种性别比例在传统社会中，造成本村家族内部过继现象特别严重。以孙氏家族第九世祖孙永江为例，共生有三子，分别是孙桂攀、孙桂府、孙桂芳，其中长子孙桂攀过继给同辈的孙永汉，次子孙桂府过继给同辈的孙永淮。[③] 而在现代社会中婚姻模式发生了变化，传统的从夫居婚被越来越多的入赘婚替代。从严格意义上来讲，入赘婚不仅要求丈夫从妻居，而且丈夫和所生子女都要跟随妻姓。但是现在在牛郎官庄的入赘婚形式有所不同，除了需要与妻子的父母共同居住之外，丈夫以及所生子女均不再需要更改姓氏追随妻姓。因此牛郎官庄原先以孙、王为主的家族构成逐渐被打破，越来越多的姓氏进入当地，牛郎官庄逐渐朝着杂姓村、多姓村的家族格局

---

① 据 2006 年 3 月田野调查资料。在访谈中，村中有多人提到这种说法，故不一一列其姓名。

② 参见叶涛、苏星主编：《中国牛郎织女传说 · 沂源卷》，广西师范大学出版社 2008 年版，第 157 页。

③ 据顾石涛所撰《沂水孙氏宗谱略》中的相关信息记载整理。

发展。

村西的牛郎庙村是本村的信仰中心，虽以牛郎庙命名，却不止牛郎庙，还有天齐庙及其他庙宇。这些庙宇在空间上与沂河对岸的大贤山织女洞、无生殿、玉皇顶等道教建筑遥相呼应，构成了当地香火兴盛的道教信仰中心。村西的牛郎庙村名称源自于坐落在此地的牛郎庙，这些庙宇的存在直接影响了本聚落的村民身份以及所从事的生计。历史上，生活在这里的村民由两部分构成：一为牛郎庙的驻庙道士；二为给这些道士扛活的贫苦人。据当地民众回忆，原来在牛郎庙北偏东300米左右有姑子林，牛郎庙东南方有天齐庙。姑子林住的是尼姑，天齐庙里住的是道士，姑子是道士的“拐老婆”（意即不是正式的）。后来天齐庙塌了，道士走了，姑子也不得不迁移到沂河西边的北安乐村。扛活的人原先是为牛郎庙以及大贤山上的道士种地以及劳作的人，人数众多且来源复杂。随着此地道教势力的衰落，这些人纷纷出走四方，唯有沈氏在此地开枝散叶，其后人仍聚居在牛郎庙附近，人口不多，现仅有五六十人，且发展不济，属于村落中较为贫弱者。现在在牛郎庙村居住的还有其他姓氏，例如孙氏、王氏族人，在村落内也都属于人口少且较为贫弱者。

与牛郎庙村一样，村东的小官庄也是本村贫弱群体的聚居空间。小官庄原先叫“鲁家林子”，是鲁氏家族的墓地，但是现在当地并没有鲁氏家族存在，现在这个地方被称作“东庄”。聚居在此的王氏族人认为，村东的小官庄原本是本村最早的聚居之地，它立村的时间要早于牛郎庙和大官庄。他们认为，王氏迁居此地的时间早于孙氏，自己家族早于孙氏在此地繁衍。但这种说法在本村其他家族中间并没有得到认可。例如，孙氏认为，王姓是在孙氏定居百年之后才讨饭到该村并在孙氏族人的包容与大度下定居此地且不断发展的。但不知为何，王氏的发展总是不如孙氏。孙氏族人认为小官庄的村落形成以及发展都在牛郎庙和大官庄之后。不管王氏家族迁入此地的时间是否早于孙氏家族，但不可否认的是，孙氏家族在清朝乃至民国时期的发展势头远远超过王氏家族，王氏在村落中的人口数量、财力、物力等均处于发展劣势。目前，王氏家族的人口数量与村西的沈氏持平，均为五六十人，因此其家族发展一直局限在偏僻的村东小官庄，与居住在地势平坦开阔的村落中央的孙氏家族不可同日而语。

在牛郎官庄，家族势力与他们的居住空间成正比例关系。沈氏与王氏居住在偏僻的村西与村东，尤其是小官庄地势高远逼仄，实在不是宜居之地。目前，孙氏人口占牛郎官庄村总人口的80%，他们主要居住在村落中央的大官庄，但其人口逐渐外扩，牛郎庙村和小官庄也渐有孙氏族人居住。

2006年，据村委会书记所说，牛郎官庄村共有村民473人，该村人口一直没有大规模的迁出，历史上只有少数人家因为贫穷外迁至东北和陕西谋生。现在外迁的人大多是因为教育或者升学等原因。

二、牛郎是神仙，还是祖先

（一）牛郎庙

清道光《沂水县志》记载："迎仙观，县西北百三十里有大贤山，织女洞在沂水西岸，东岸有牛郎庙。"[①]在当地民众的记忆中，牛郎庙并不是一个独立的存在，而是隔河相望的织女洞的伴生物，二者相辅相成，缺一不可。清代人苏泰初有记载说："庄东有牛郎庙，在其地望此洞，隔沂河如天汉，洞亦俨然天宫。此庙之所由立，亦即彼庄之所由名也。"[②]立村源自于庙宇，因此牛郎官庄与牛郎庙、织女洞有着天然的渊源关系。据记载，牛郎庙建于明万历七年（1579年），清嘉庆二十年（1815年）重修后始具规模。

据当地民众口述以及文史资料记载，牛郎庙原先是一幢二层阁楼式建筑，后经多次重修，始具规模。庙内建有正殿三间，青砖绿瓦，彩绘斗拱，建筑宏伟。庙内大殿塑有牛郎及其子女像，旁卧金牛塑像一尊，四壁彩绘牛郎织女事迹图。院内古柏参天，清幽别致。明清乃至民国时期，牛郎庙都由大贤山迎仙观道士驻守管理。20世纪50年代，在一系列革命热潮中，牛郎庙作为封建迷信的象征物被当地民众毁坏。当时塑像里面有明镜和带子，代表心和肠子，拆庙的时候全都给掏出来了。如今民众对于毁坏者当时狂热的举动虽抱以理解、宽容的态度，但是在回忆过程中会紧接着讲述他们暴死或者横死的生命结局。例如，大家对于当时砸毁神像的王福春及其暴死记

① 道光《沂水县志》卷二《建置》，道光七年（1827年）刻本。
② （清）苏泰初：《游织女洞记》，《苏泰初文集》之九，稿本。

忆犹新。遭受破坏后的牛郎庙香火稀少，鲜有民众敢到此烧香祭拜，仅有庙址保存。延至 20 世纪 90 年代，国家的宗教政策和缓之后，才逐渐有胆大的村民偷偷到此祭拜。居住在牛郎庙附近的沈光忠、耿成兰夫妇因为家里一直不太平，便在原来的庙址上建了一个类似土地庙的小屋，较原来的牛郎庙规模要小得多。小屋里面用三块长方体水泥块分别代表原来的牛郎和两个孩子的塑像，正北一块稍大，东西两侧各一块，稍小。民众遂将此小屋当作牛郎庙，逢年过节或者走过路过时到此烧香祭拜。

牛郎庙主庙堂经历了一个逐渐缩小的过程。根据当地村民回忆："原来牛郎庙很大，有二三十间房子，是个大院子，有道士、和尚，后来林场工人住在那里，现在只有这么个小屋了。"以前庙里塑有与人等大的牛郎坐像和其两个孩子的站像，儿子在左边，女儿在右边，但没有织女塑像。牛郎的脸长长的，偏红色，儿女都站在筐里。庙墙上绘有壁画，内容主要有牛郎哥嫂独霸家产、舅舅主持分家偏向牛郎、牛郎上天追织女等故事情节。20 世纪六七十年代，村民专门在农历七月初七祭拜牛郎，外庄也有来此烧香的。全村男女会在七月初七上午吃完早饭，拿上给牛郎、织女做的布鞋，带上供品、黄表纸、香去牛郎庙祭拜，但这一天村民不去织女洞。现在有些人专门来牛郎庙祭拜；有些人则主要是去织女洞，只是顺道在牛郎庙祭拜。

牛郎官庄村西的牛郎庙

牛郎庙在牛郎官庄村民生活中的功能很难判断。牛郎在村民的印象中似乎也没有明显的神性。首先作为村落当中的庙宇，它不具有土地庙的功能。村民说，牛郎官庄原来在村东头有土地庙，现已被拆，而牛郎庙在村西。土地庙在牛郎官庄村民的生活中唯一的功用就是人死之后到土地庙泼汤，现在村民在人死之后还会去村东头的土地庙遗址上泼汤，而不是去牛郎庙或者牛郎庙附近。

根据当地的文史资料及碑刻资料记载，牛郎庙早在明朝就已修建完毕，“先有牛郎庙，后有牛郎官庄”，因此在理论上，牛郎庙不属于生活在牛郎官庄的任何家族，不具有家庙性质，故与孙氏家族应该没有任何关联。而在早期的资料中也的确表明它一直是由道士管理的，与当地的家族或者个人没有关系。根据目前各个家族到牛郎庙的祭祀时间、规模、仪式等也能看出这些家族在早期与牛郎庙的关系应该是松散的。家庙是类似于家族祠堂的神圣空间，即它对于一个家族来说具有唯一性，家族内部成员对它的认知是神圣的，祭拜仪式是复杂的。但是，牛郎庙对于牛郎官庄村民没有这些规定。这首先体现在祭祀人群的广泛性。家庙具有家族唯一性，牛郎庙不仅牛郎官庄的孙氏家族可以祭拜，村中的王氏家族乃至路过牛郎官庄的其他村落的村民也可以参拜。居住在小官庄的村民王纪征说，自己的妻子每年七月七都会给牛郎庙的牛郎和他两个孩子做衣服，到牛郎庙祭拜牛郎。村子的村民在农历三月三、十月十五织女洞赶庙会的时候，如果路过牛郎庙，也会烧点纸钱，燃香祭拜牛郎。和孙氏家族一样，其他家族、其他村落的村民都可以随便进出牛郎庙，说明牛郎庙对于孙氏族人来说并不是一个家族祭祀的神圣空间。另外，孙氏族人对牛郎庙的祭拜程序也非常简单，和其他家族的程序一致。牛郎官庄村民(包括孙氏家族以及其他家族)说，大年初一五更的时候，他们会拿一些纸、香和平时差不多的供品拜祭牛郎庙，祭祀供品、祭祀仪式并没有因为过年而发生任何改变。在这一点上可以确认，孙氏家族对牛郎庙缺乏神圣感、严肃性。牛郎庙不具有孙氏族人在此寻找家族认同感的神圣空间特质。

在2008年之前，对于牛郎官庄村民而言，牛郎庙仅仅是村落的一处公共空间，与其他的公共空间一样，是公开的，不属于任何家族或村民。由于其地处村西，是外界从村西进入牛郎官庄的必经之路，它甚至对于村落外部的民众都

是公开的。路过此地的任何人只要本人有意愿进入庙宇，他不需要经过任何人同意，便可畅通无阻地进入庙宇瞻仰牛郎神像。牛郎庙作为自由开放的空间终止于2008年牛郎织女传说被列入“国家级非物质文化遗产保护名录”之后。从2008年开始，县委县政府为了配合文化部门申报“非遗”项目，积极维护、整修相关的文化遗产，牛郎庙便成为重点修缮对象。修缮后的牛郎庙东偏殿设为孙氏家祠，里面供奉孙氏列祖列宗。此庙虽还名为“牛郎庙”，但其功用却已经发生了微妙的变化，已经部分地成为孙氏家族的家庙。从某种意义上来说，牛郎庙的复建增强了孙氏族人的家族认同，提高了孙氏族人在牛郎官庄村落中的声望。2008年以后，我们再次采访牛郎官庄村民时，村民韩凤英说：

> 孙家迁来的时候就有这个庙，不知道谁修了牛郎庙，也不知道谁修了织女洞。但我觉得是张道通重修织女洞的时候就修了牛郎庙，因为他们是两口子，有织女就得有牛郎，是配好的。过年过节不拜牛郎庙，但是七月七拜。赶上山上有会，从这里路过的人也给他烧香磕头。别的村七月七也有拜的，三月三也有拜的。七月七是牛郎织女见面的时间，所以人们都来拜他。牛郎能保佑咱庄里的后代，也保佑外庄的人。七月七要摆上桌子，做上菜，包上包子，拿着酒、茶，买上点心，叠上元宝拜望他。俺村里每家每户都去给他磕头，因为他是村里人的老祖师。[①]

牛郎庙内的牛郎塑像

① 韩凤英，女，牛郎官庄人。访谈时间：2008年4月4日。

(二)祖先还是神仙

据《沂水孙氏宗谱略》载:“约在前明末叶(约1628年)始祖从淄川孙家大庄迁入沂水。牛郎官庄:一世失讳始由淄川县孙家大庄迁居沂水西北乡高厂庄再迁牛郎官庄定居焉。”①孙氏至1931年共经十五世。据孙氏族人口述,他们的辈分的高低排列顺序依次为:谭、伟、迎、即、肇、启、风、宁、允、玉、寻、远、冲、正、方、成。② 但这种排序与《孙氏宗谱》略有出入,根据宗谱孙氏始祖、二世、十三世、十四世、十五世失讳。三世至十二世的排序为:九、士、“礻”字旁、成、殿、远、永、桂、文、培。其中五世祖、八世祖对于孙氏家族的发展壮大贡献最大。

《沂水孙氏宗谱略》书影

孙氏族人对于自己的姓氏充满矛盾,有自卑者亦有自豪者。其中自卑者认为本村的孙氏遭家人嫌弃,才不得不外迁至此。当地村民中就流传着一则牛郎官庄孙氏缘何姓孙的传说:

> 村里有一老人到淄博的孙家大庄去续家谱。听传说,他娘生了一大堆孩子,八个还是九个?他有点傻,他娘就一脚把他踢出去了,说“你真孙(即傻的意思)啊”,不要他了。他就来牛郎官庄自己混了。后来长大了,找了个媳妇。他媳妇问他:“你姓啥?”他说:“俺也不知道,俺娘一脚把俺踢出来说‘你真孙啊。’”他老婆就说:“你娘说你真孙,那你就姓孙吧。”牛郎官庄的人就是他一代代传下来的。③

而村落中也有与此观点针锋相对者,对自己的姓氏充满了自豪感。他们认为,本村孙氏是三国时期孙权的后人,因为孙权杀害关羽的关系,因此

① 顾石涛撰:《沂水孙氏宗谱略·序》,1931年刊本。
② 孙启忠,男,牛郎官庄人。访谈时间:2006年3月28日。
③ 高开列,女,牛郎官庄人。访谈时间:2008年4月。

时至今日，他们在日常生活中不祭祀关羽。①

孙氏族人对自己的家族来源非常清楚，在访谈中，几乎所有的族人都知道自己家族来自淄博的孙家大庄，但对如何迁入此地则众说纷纭。有的认为是被家人嫌弃，有的认为是讨饭到此，有的则认为祖先是编簸箕、篼子的小手艺人，当初是挑着簸箕、篼子来到这里的。总之，孙氏家族迁入牛郎官庄的历史与大多数移民家族一样充满了艰辛与不易。

孙氏迁入牛郎官庄之前，此地已有牛郎庙的驻庙道士、尼姑以及为庙宇干活的人，从入迁始祖至第四世孙士礼、孙士智，孙氏都处于艰难的发展期，其家族势力并无多大变化；至第五世孙祥、孙祯两兄弟时，家族势力逐渐壮大，至第六、七、八世孙氏逐渐达到家族发展的鼎盛期。随着人口数量的增加，至第六世孙成玉辈，孙氏建立堂号，族人依堂号而聚居。据村民孙启忠言，孙氏在孙成玉之前没有堂号，堂号是有钱有势之意，人出门在外，只写堂号不写人名，一来不露富，二来别人找不着名，就遭不了难。六世祖孙成玉首先成立"存厚堂"，此后他的三个儿子据此析出三堂：南山堂、青音堂和耕读堂。这些堂号名都有"求好"的意思。比如南山堂，是因为大山是稳当的，即求稳之意。耕读堂，是耕种、读书，即重农业、重知识之意。随着孙氏家族势力的扩张，堂号越来越多，现在很多人都已记不清自己属于哪支哪堂了，仅对一些堂号还有些许记忆。在我们的调查中，搜集到的堂号就有存厚堂、南山堂、清仁堂、有余堂、青音堂、耕读堂、玉德堂、松火堂、日新堂等数十个名称。至于这些堂号的析分时间与人物，随着时间的久远，民众更是很难说得清楚。南山堂的后代是以习武为主，出了武秀才孙文炜、孙文烦。

牛郎官庄孙氏家族虽然对本家族依据堂号来判别家支远近的历史倍感自豪，但由于时间的久远和记忆的混乱，族人很难完整准确地记忆自己的家族历史。根据《孙氏宗谱》中对墓葬之地的记载，我们大体可以推测孙氏家族的发展历史及家支情况：孙氏始迁祖至四世二十六冢俱葬白杨林，从五世祖孙祥、孙祯改迁葬前松林，此处墓葬仅葬一世。第六世祖孙成名、孙成美和孙成玉分为长支和次支，以成名、成美为代表的长支埋葬

① 孙启忠，男，牛郎官庄人。访谈时间：2006 年 3 月 28 日。

在后松林，此坟茔与前松林坟茔相距不远。以孙成玉为首的次支则迁葬于马家河西，孙成玉和三个儿子孙殿华、孙殿柱、孙殿玉及后代皆埋葬于此。尤其是孙成玉的孙子孙明远曾官至翰林院大学士，原先立有石碑，后被马家河西的村民砸掉，民国后孙氏已无人葬入此坟茔。这种按照家支分茔而葬的方式在当地民众的记忆中被后院、西院和前门头所替代。他们认为，大概是康熙年间或者是乾隆年间，牛郎官庄孙氏分为后院、西院和前门头三个部分，前门头是孙成玉一支，孙成美和孙成玉是亲兄弟，还有个叔兄弟叫孙成明，但成美和成明谁是西院、谁是后院，已经分不清了。大约 30 年前，下（后）松林没有了空地，人死后就开始往白杨林埋。以前的马家河西林被毁之后，次支也开始往白杨林埋。现在白杨林已是全村的公共墓地。这墓地仅限于孙氏本宗本族，没有孙氏血缘关系的孙氏族人也不得葬在此地。例如小官庄东头的两户孙姓人家是拾来的孩子，他们故去的人多埋在小官庄东里的林子，不往白杨林葬。

据前引《沂水孙氏宗谱略》载：孙姓家族刚迁来时曾想在中庄镇的高场、杨家庄、龟盖顶这几个地方落脚，但都未能如愿，几番辗转之后最终落户牛郎官庄。但是孙氏迁到此处之后积极发展家族势力，耕读传家，“安于耕稼以守先，而待后询，不失为贤子孙，有心者不敢谓祖德兴业可以世庇，常念先人兢兢业业缔造培植之艰，维系之苦心”。孙家靠勤于耕种发家之后，就将自己的子孙送进学堂，广受教育，“而其群从子弟从名师读能毕群经习帖括业者盖十数”。自此之后，孙家靠读书、授书在乡间获得好的名声，“负复就学者盖常来自百里之外”。七世之后，孙氏家族逐渐靠读书取得功名在乡间享有盛誉。“至七世有入郡庠为诸生者，至十一世文武生员殆十人。”孙家不仅在乡间有好的声望，“孙氏一族其闻望气力名及数邑”，家族实力也大大增强，“孙氏既拥厚货”人数较以前也大大增多，“子姓已三十余家”。孙氏从七世开始发展壮大，一直到十一世。其间孙氏家族有德有名者不在少数，其中以八世祖孙明远最为出名，家谱中记载其“声气义侠，侠乎远迩”①。

到了清朝末年，孙姓家族发展了十几世，已逐渐成为远近闻名的大家族。

① 顾石涛撰：《沂水孙氏宗谱略·序》，1931 年刊本。

不管是孙氏宗谱还是保存在村庄周围的碑刻记载都很难看出孙氏家族与牛郎织女有什么关系。但是时至20世纪末，村落内尤其是孙氏家族却有人指出牛郎是本家族的祖先：

> 牛郎不姓牛姓孙，有人给他起了个名字叫牛郎，他就是我们姓孙的老祖师。他叫孙守义，可能老早的家谱上有他的名字(也有说没有的。去孙振鼎家寻得家谱，证明没有孙守义此人的记载)，我们都是他的后代。至于他多大年纪没有人知道，村里分好几堂人，但是孙守义是所有人的祖先。以前人少的时候这几堂人都分开聚居，但是后来人口多了，就混合居住了。
>
> 孙守义是孙家最早的老祖宗，牛郎是弟兄两个，老大成亲结婚了，后来牛郎大了兄嫂就将其分出。原来村里就这么一家，繁衍后代。后来繁衍的人口多了，才分出了四支。①

20世纪末，虽有部分村民认同牛郎为孙氏祖先，但是也有村民对这种说法嗤之以鼻，认为都是无稽之谈：

> 牛郎跟我们村没什么关系。牛郎官庄大都是姓孙的，只有几家是姓申的是佃户。牛郎姓孙，牛郎庙就在牛郎官庄，就是巧合。姓孙的是讨饭来的，不是牛郎的后代，牛郎跟现在的牛郎官庄的人没有关系，家谱辈分也续不下来。牛郎是神话传说，不可能真姓孙。②

村民中也有对牛郎与孙氏家族的关系问题不太清楚者。例如，孙兆泉就认为牛郎是凡间人，牛郎叫孙宜，但他是不是孙家的老祖师就说不清楚了。在2006年的调查中笔者发现，首先，牛郎官庄民众对牛郎的具体名字认同比较统一。多数人都认为牛郎叫孙守义，相反认为牛郎没有具体名字就叫牛郎的民众不多。其次，村民对牛郎和牛郎官庄的关系大都持肯定态度。在调查中，他们会用“先有牛郎庙，后有牛郎官庄”的俗语来解释牛郎与村庄的具体关系，认为牛郎是这个庄的人，牛郎官庄的村落名称是因着牛郎起的。时至今日，牛郎官庄及周围村落的民众都会直接称呼牛郎官庄为“牛郎”，几乎没有人会称作“牛郎官庄”。牛郎是牛郎官庄的第一代村民，是这个村庄所有民众的老祖宗。

---

① 孙兆太，男，牛郎官庄人。访谈时间：2006年3月。

② 孙启忠，男，牛郎官庄人。访谈时间：2006年3月。

相较于和村庄的关系，牛郎和孙氏家族的关系就很复杂。笔者在牛郎官庄专门做了一个调查，调查的主要内容就是村民对牛郎的认可程度。[①] 根据收集到的有效问卷得知，认为牛郎姓孙的人很多，占调查者的99%，仅有一人认为牛郎就叫牛郎。认为牛郎和孙氏只有地缘关系或者同姓关系的调查者占50%，这些人中既有孙氏家族的人，也包括其他家族的人。认为牛郎是孙姓祖先的人占44%，他们认为牛郎是孙氏的"头一辈子"，是自己的老祖先。其中，对于牛郎是不是孙氏祖先的态度变化最大。结果发现，认同指数逐年提高。2008年之前，很多牛郎官庄的村民仅承认本村和牛郎的地缘关系，很少有人认为牛郎是自己的祖先。正如2006年村民孙振增所言："不知道是祖先还是一姓，讲不通。请家堂时不请牛郎，也没有牛郎是自己祖先的传说。孙家大庄也无此说法。"当地民众为何会认为牛郎叫孙守义呢？从现在掌握的资料看，孙守义是很多地区流传的牛郎织女传说中牛郎的名字，尤其是在地方戏曲中，例如秦腔、山东梆子、河北梆子等戏曲里的面牛郎都叫孙守义。经考察沂源县的戏曲传唱流布情况，可以肯定沂源县牛郎叫孙守义源自于戏曲。2008年之后，孙氏家族把牛郎当作自己祖先的认同越来越强烈。为何孙氏家族会将牛郎孙守义认作自己的祖先呢？我们不否认当下这种"非遗"保护给家族发展带来的经济、文化、社会资本促使了孙氏族人增强牛郎祖先认同。通过梳理孙氏家族在牛郎官庄的家族发展历史可以得知，清末民初，当孙氏家族在牛郎官庄势力逐渐发展壮大的时候，此家族需要文化资源增强家族势力，对外扩大家族影响力，对内增强家族向心力，牛郎姓孙这种戏剧偶然性在牛郎官庄与孙氏家族结合是那么完美无缺。戏曲里牛郎姓孙，偏偏居住在牛郎官庄的这个家族也姓孙，既然姓孙了，那就是一家了。所以，牛郎官庄的牛郎冠冕堂皇地居住在牛郎庙，被奉为孙氏族人的远祖，享受"后人"的尊崇与祭拜。

---

① 此次调查的时间是2007年3月，调查的目的是孙氏家族对于牛郎的祖先认可，发放问卷100份，收回100份。

牛郎庙内的孙氏宗祠

三、种苹果，栽樱桃

(一)村民的生计模式

牛郎官庄群山围绕，自然条件并不太好，传统社会中仰赖农业的牛郎官庄村民生活都比较艰苦，即使是有土地的地主和中农，其农业收入也仅可糊口。孙培福回忆说，他们家在1949年以前有20多亩地，但是粮食却打得很少，一亩地打麦子100公斤、打谷子150多公斤。究其原因是因为那时候没有化肥，也没有好品种，今年种了这个明年还是种这个，粮食产量自然不高。

中华人民共和国成立之前，全村的总耕地面积不超过500亩，虽然人均土地多，但农业技术低，因此家口多的户很难糊口。中华人民共和国成立后，随着人口增长以及耕地的滥用，人均耕地面积逐渐减少，依赖种植玉米、麦子等传统粮食作物，农民收入很低，生活更加艰难。

为了弥补家庭收入的不足，牛郎官庄的家庭模式多为“男主外，女主

内”，男性到外地打工补贴家用，女性在家务农、照顾老小。本村大多数青壮年男子都外出打工，主要从事建筑业以及相关的木匠、石匠和泥瓦匠行业。村中原有木匠三户，原来木匠的工作范围主要在村内，现在只能做些桌凳和修房盖屋所用的门窗等简单的木工活，已很少给人做橱柜之类的家具。石匠主要是给修房盖屋的人家服务。石匠和泥瓦匠虽也在本村干活，但其主要活动范围却是在外村，原先局限在本县范围内，现在他们的主要活动区域是博山和张店，即淄博市内，出省者寥寥无几。在本村干活的瓦匠一般是房子盖好后，主家才结算工资，一般一栋房子一两千元钱。瓦工头再按天付小工工资，一般是每天 30 元钱。村里盖房也有不找瓦工班而请自己的亲邻朋友来帮忙的，这种情况主家会管饭，让来帮忙的人吃饱吃好。2006 年前后，他们外出打工的工资每天是 60～70 元不等，如果在农村工资一般很低。①

男性外出打工，家里地里的活儿便成为牛郎官庄女性的分内工作，女性上坡种地成为庄户人主要的收入来源之一，她们个个都是种地理家的一把好手。据从朱家峪嫁入牛郎官庄的李姐介绍，该村耕地多为山坡地，耕地可以用牛，但很多地块面积狭小，且土质硬，只能仰赖人力用镢头刨。以前主要种植小麦、玉米和地瓜。艰辛的生活过早地摧残着这些女性的身体乃至心灵。在牛郎官庄调查时，记忆最深的是一位驼背近 90 度的老奶奶，年近 90 岁，还得自己做饭，照料自己和老伴的生活起居。

牛郎官庄村的家庭养殖也主要仰赖女性。家庭内部养殖主要是养鸡，几只、十几只、二十几只数量不等，都是下蛋的笨鸡，所生产的鸡蛋一般是自己吃，吃不完也有拿去集市上卖的。养兔子、猪、羊一般是为了卖掉来增加收入，过年过节也会宰羊杀猪供自家食用。在牛郎官庄，如今养羊非常普遍，几乎没有养牛的，主要是因为当地生产由种植小麦、玉米等作物改为种植果树，不再需要畜力耕地。本村并没有因为叫牛郎官庄村，对牛有特别的关照。村里五六年前还有桑树，有不少农户养蚕，但现在村里的桑树都已经被刨掉改栽果树了。以前村里有两三家织布的，大多数人家都有棉花地，收了棉花纺好线后请他们来织布。由于织的布不结实，加上棉花地也都改种了果树，如今也就没有织布的了，都是买布料和成衣。

① 参见山东大学民俗学研究所：《山东省沂源县燕崖乡牛郎官庄民俗调查报告》，2007 年 6 月。这一部分的主要调查者是山东大学民俗学研究所研究生王明远（2004 级）、张礼敏（2005 级）。

20世纪90年代末，政府开始提倡种植果树，以苹果、桃树、大樱桃、山楂为主。有些村民会在果木林里套种花生或大豆，但是数量不多。目前，村子里的人已经很少种植传统农作物，少量种植的数量也很少，仅供自己食用，大多数家庭的粮食来源与城市人无异，主要依靠购买。

牛郎官庄村的劳动妇女

目前，对于留守在家从事农业生产的妇女和老人来说，村里最重要的农活是管理果树，特别是苹果树。春天，人们忙着给果树施肥浇水。肥料一般是自家的土积肥、复合肥和从鸡场买来的鸡粪。上粪完全是纯人力，妇女们用小推车将肥料运至地头，然后用镢头在树下刨坑、施肥、浇水、盖土。虽然该村临沂河，但并不能直接用河水，村民都是用电泵从深井里抽水，仅租用电泵的费用就不菲。春天里要连续给树木喷洒四五次农药，花期里要进行人工授粉，还要给幼果套袋，村民会一直忙碌到农历四五月。夏天的农活是给果树除草、打药、追肥，此时还得兼管果树林里套种的作物。秋天给苹果摘袋，经阳光直晒上色，使苹果色彩鲜艳。农历九月时，开始收摘苹果，摘收苹果之后还得再给果树追肥。冬天上冻之前要给果树浇水，之后一年的活计告一段落，只等年前腊月里给果树剪枝了。这样算下来，牛郎官庄民众的生活还是因循传统的“春种、夏耘、秋收、冬藏”模式，与北方其他地方的农民

生活并无太大区别。

新世纪以来，村民在乡镇政府的号召下，摒弃以传统的粮食作物为主的种植业，转向经济利益丰厚的林果业，大面积栽培大棚油桃、樱桃及速生林木，极大地增加了当地群众的经济收入，同时也使百姓的生活状况得以改善。

牛郎官庄的经济模式一直是传统的男耕女织。后来转变为男性外出打工，女性在家务农。近年来，随着牛郎织女文化的声名远播，到本村旅游的游客越来越多，很多打工者都不再外出，在家经营“农家乐”，发展旅游经济，收入比以前外出打工更高。这种足不出户、靠文化发展经济的模式成为牛郎官庄发展的新景象。

新开发的织女洞风景旅游区

(二)绿色农业

不管是以前的农作物种植还是现在的林果栽培，这些农业活动都仰赖女性。

2006年3月29日晚，调查结束后在燕崖驻地旁边的果园散步，我们遇到一位三四十岁的果农，她正在整理她家的樱桃棚子。棚内种的是大樱桃，有五六个品种，一亩地共种了50棵樱桃树，每年能产四五百斤樱桃。清明期

间第一批樱桃基本成熟，市价最贵的时候能卖到300元一公斤，越往后越便宜。总的来说，这一季下来，棚内的樱桃平均一公斤在120元左右。棚外的樱桃最贵的一般是60元左右一公斤。她家还有一个油桃棚，但油桃的价格不如樱桃贵。棚内种植水果耗损率比较大，占用的人力也多，但由于价格高，又不愁销路，所以棚内种植水果效益远比棚外高。当然，由于人力和资金有限，一般农户也不能盖更多的棚。

从南安乐村嫁入到牛郎官庄的李姐是一位典型的农村妇女，她给我们详细地介绍了牛郎官庄大多数妇女的农耕生活：

> 我们村里主要是平地，平均每人1亩多。村里以前主要种植小麦、玉米和地瓜，当时大块的耕地用牛耕，小块的用镢头刨。收割小麦用镰刀，然后用推车运到打麦场，用牛拖着碌碡碾压麦穗进行脱粒，后来就用脱粒机了。十五六年前，政府开始提倡种果树。到现在，生产经营以种果木、经济木为主。果木又以苹果、桃树、大樱桃、山楂为主。当然也在果木林里套种花生或大豆，但是数量不多。村里有少量的土地仍然种小麦、玉米等粮食作物以供自己食用，有的农户种的粮食不够自己食用，需要购买。村里以前有大棚蔬菜种植，现在已经很少有种的了，但是各家一般都种一些家常菜如萝卜、白菜、土豆、芸豆等自用，如果自己吃不完也会赶集去卖。村里的男性青壮年都外出打工，在家留守的是妇女、孩子和老人。因此，我们在田间地头看到忙着干农活的都是妇女和老人。
>
> 村里最重要的农活是管理果树，特别是苹果树。村里苹果树的种植量很大，近几年开始发展种大樱桃树，但樱桃树一般要长到五年才能结果，现在树龄最长的有七八年，已经收入一两万块钱了。春天，人们忙着给果树施肥浇水。肥料一般是自家的土积肥，还有购买的复合肥和从养鸡场买来的鸡粪。上粪用的工具是小推车和镢头、铁锨。用镢头在树下刨坑，然后用铁锨将肥料埋上。施肥后，就开始浇水。以前浇水都是用河里的水，现在河里的水量少了，再加上有人在河里挖沙，还有污染，所以现在浇水一般都用打的水井，用电水泵抽水。村里有电水泵的农户占少数，很多人家给果树、庄稼浇水需要租用别人的电水泵，一般是每小时30多块钱。春天时要给果树喷洒农药，杀去病虫害。一般需要喷洒三四遍农药，花前洒一到两遍，花落后到给苹果套袋之前洒

一到两遍。苹果花期中的活计主要是给苹果树进行人工授粉，这是一个很精细的活，所用工具是授粉枪，带橡皮头的铅笔也很好用。苹果花落结果，到阴历四月下旬和五月上旬，人们开始给幼果套袋。给苹果套袋是为了防止病虫害，而且套袋后长成的果实色泽好看，果面细腻光滑，易于出售。当地有很多出售果袋的经销点。夏天的农活是给果树除草、打药、追肥。除草用的工具是锄头，这时也要兼管果林里套种的作物。果实套袋后，要每半月打一次药，如果天旱的话，还要浇水。为了让果实长大，夏日期间还要给果树追肥。秋天阴历九月份给苹果摘袋，经太阳直晒上色，使苹果色泽鲜艳，一周后，开始收摘苹果。苹果收获以后，再给果树追一遍肥，冬天上冻以前再浇一遍水，一年的活计告一段落，单等年前腊月里给果树剪枝了。这样算下来，冬天是一年里比较清闲的季节。①

牛郎官庄的苹果园

① 山东大学民俗学研究所：《山东省沂源县燕崖乡牛郎官庄民俗调查报告》，2007 年 6 月。这一部分的主要调查者是山东大学民俗学研究所研究生孙芳（2004 级）、刘爱昕（2005 级）。

目前，牛郎官庄村民使用的农具还有：

老式犁 一人二牛犁，日耕3亩余。现在因为当地农业生产由种植小麦、玉米等农作物改种果树，不再需要畜力耕地，几乎没有养牛的了，这种传统的耕作方式也逐渐消失。

镢 这是当地翻土、灭茬的主要农具。有宽、窄之分，宽的叫“板镢”，主要用于刨土、整地；窄的叫“条镢”，多用于起石头。

耙 农民破土保墒时使用的农具。适用于较平坦的土地，高山梯田或小块土地无法使用，主要靠人力用镢头翻地整田。耙的主要使用时间是秋天收获之后，平整土地所用。

锄 除草农具，主要是夏天，尤其是入伏之后，松土除草之用。

铁锨 是当地最主要的农具，不仅可以翻土、铲粪，还可以用在日常生活中。

镰 收割农具，用于割麦子、玉米秆、瓜秧，也可以用于割草。

牛郎官庄村民的农具——镰

独轮车 秋天收获时的运载农具，常见的多为木制的独轮车。使用时，两手握把，肩上背袢。现在这种独轮车越来越少见，逐渐被三轮车替代。

牛郎官庄村民的运输工具——独轮车

粪筐 长1米多，宽、深均为40厘米的条编筐，主要用以搬运地瓜、玉米等农产品，是当地最主要的运载工具。

花篓 是当地主要的圆形容器具之一，用来盛装玉米、地瓜等农产品。

篼子 是当地主要的容器具之一，元宝形，多用柔软的柳条编制，以麻绳为纬，上口大，底口小，上口有沿，主要用于盛装粮食、米面，也是走亲访友时盛放礼品的容器。现在当地妇女用盛装酒等物品的纸质盒子改装的篼子，也非常漂亮精致，她们经常挎着这样的篼子去进香、赶集、逛庙会。

挎着篼子进香途中的女性香客

石磨 传统社会中粮食加工用具，用于加工小麦、玉米等。牛郎官庄的石磨正在淡出民众的日常生活，人们更愿意使用电动的机器加工粮食。

石碾 传统社会中粮食加工用具，主要用于碾压谷物，使其去壳成米，现在已淡出民众的日常生活。[①]

四、南安乐集和燕崖集

历史上，牛郎官庄村地处沂水通往博山的必经之路，因此，本村很多人在路边出售烟、酒、糖、茶之类的商品。孙氏家族中曾有人靠此发家致富，成为当地的财主。牛郎官庄本身就是一个很大的集市，在当地民众的记忆中，以前沂博大道上经常有驼队出现，贩运米、石榴片[②]等。新修的柏油马路将牛郎官庄隔绝在交通要道之外，即使是本村生产的农产品也必须拿到别的地方进行交易。

以本村盛产的苹果为例，每年农历九月份苹果采摘之后，农户进行简单的包装，将其装到纸箱里，或装进塑料袋里(20斤一袋)。每年到进苹果收获的时候，很多外地客商就会上门收购，根据苹果的质量、大小定价格。也有运到附近的中庄镇去卖的，因为那里种植苹果的时间比牛郎官庄早，规模也更大，还有储存苹果的专门冷库，已经形成了固定的交易市场，有固定的客商集中采购，果农更易出售。果农如果不满意九十月份中庄镇交易的价格，就会把苹果储存到元旦前后再出售，那时候因为节日的原因，苹果价格可能会升高，但是果农为了保证苹果的品相，必须付费到专门的冷库进行存储，如此便会增加成本。春天生产的大樱桃则不到中庄镇出售，而选择到更大的樱桃生产基地燕崖出售，交易的地点在燕崖村的解放桥附近，燕崖种植樱桃的规模更大，更容易吸引出价合理的客商前来洽谈。

牛郎官庄村周围的交易集市主要有南麻、南安乐、燕崖、中庄等。这些集市的时间按照农历举行，相互错开，并不冲突。比如，农历逢一、六赶中庄，逢二、七赶小水，逢三、八赶南麻，逢四、九赶南安乐，逢五、十赶燕崖。其

---

① 山东大学民俗学研究所:《山东省沂源县燕崖乡牛郎官庄民俗调查报告》,2007年6月。这一部分的主要调查者是王明远(2004级)、张礼敏(2005级)。

② 石榴片为当地方言,即山楂片。

中中庄、南安乐、燕崖的集最大。集市上商品品类繁多，如树苗、牛羊、农具、日用百货、食物、蔬菜、衣服等，凡是民众生活需要的物品都可以在这些集市上买到。

（一）南安乐集

往南安乐集赶集的摊贩大都来自以下村庄：大红峪、南北安乐、石桥、燕崖、悦庄、东庄、东庄西郭、店头。2006 年 3 月底南安乐集上，来自石桥的摊贩，在卖火纸、卫生纸、火柴、袜子等日用百货，来自燕崖的年轻夫妇（带着 5 岁的儿子）在卖水果。这些商贩常赶的集有南安乐、燕崖、东庄（三、八集）、白峪（二、七集）、东郑（一、六集）。而来自石桥卖针织品的四家是亲戚，交的摊位费是 18 元一个月。他们常赶的集市有南安乐、北庄（五、十集）、石楼（三、八集）、小水、葛庄（一、六集）。来自中庄乡店头的卖菜的摊贩常赶的集市有南安乐、（中庄镇）张庄（五、十集）、（西里镇）梭背岭（三、八集）、胡家庄（二、七集）、中庄。[①] 因为临近清明节，集市上出售很多与清明节祭祖相关的商品，这些商品价格便宜，吸引了包括牛郎官庄村民在内的附近村民都来采购相关商品。

走在赶集路上的牛郎官庄妇女

① 山东大学民俗学研究所：《山东省沂源县燕崖乡牛郎官庄民俗调查报告》，2007 年 6 月，这一部分的主要调查者是王明远（2004 级）、张礼敏（2005 级）。

（二）燕崖集

在燕崖镇去往牛郎官庄约1/3处有一座解放桥，此桥周围便是燕崖集的所在地。这里五天一集，商品种类很多，树苗、蔬菜、面饼、豆制品、水果、床单、衣服、布料等应有尽有。燕崖集对于牛郎官庄村民来说是春天四五月份出售大樱桃的绝好场所，每年都会吸引大量的外地商人到这里采购樱桃，牛郎官庄的樱桃种植户便到这里出售自己丰收的大樱桃。

以前，牛郎官庄村民外出赶集的主要运输工具是独轮车，这一运输工具在解放战争时期做过贡献，在20世纪90年代以前也为活跃当地集市贸易起到过举足轻重的作用。近年来，随着当地农业经济的发展，人民群众的生活水平日益提高，购置现代化的交通工具已经相当普遍。笔者在调查采访中了解到，牛郎官庄村目前主要的交通工具有自行车、摩托车、农用三轮车、拖拉机、四轮货用卡车，个别家庭还购置了小轿车。

第二章 逢年过节

牛郎官庄很注重节日期间的礼仪活动。在村民记忆中，传统节日是与供奉神灵、纪念祖先等信仰仪式联系在一起的。有些传统节日，不仅是全家族的盛会，更是全村各家族的大联欢。最喜欢过节的是孩童们，虽然他们有家族伦理规矩的约束，但毕竟能体验到节日生活情趣。在比较大的节日里，还会有特色饮食。

总的说来，牛郎官庄的传统节日集中于冬春时节，年节为大，夏季节日较少而且节俗简单。如过年时，有“进了腊月就是年”的说法，一直到正月十七还要“吃巧巧饭”。回家过年，不仅是父母的期盼、亲情的团聚，也是乡情的重温、人际关系的沟通。相形之下，过夏节端午时，村里人并不讲求一定要全家团聚，买几个粽子，煮几个鸡蛋，在家门上插上艾蒿就是过节了。六月六这天，吃凉面，敬山神，同样影响不大。秋天的七月七是牛郎织女天上见面的日子，届时当地百姓为牛郎织女准备过冬的衣物，是全村比较隆重的节日之一。八月十五中秋节是举家团圆的节日，但这个节日在当地并没有多大影响，不供神灵，也不祭月。冬季虽天寒地冻，但阻挡不了民众过冬节的热情：十月十五织女洞庙会，冬至上坟、吃水饺，小年送灶王，大年三十下午请家堂，家族守岁过大年……牛郎官庄的村民就在这日复一日中过着属于他们的张弛有度的生活。

一、岁时节令

馋人盼年 春节为农历新年，俗称“过年”。过年是牛郎官庄村民最大的节日，当地有“馋人盼年”的俗语，该节持续时间最长，从腊月初八至次年正月十五都属于过年。这里没有过腊八的习俗，但有“腊七腊八”的俗语，意指这是一年中最冷的时候。当地居民从腊月十几就开始置办年货，一直持续到腊月二十八。南安乐、燕崖、中庄都有集，其中中庄的集最大，货物也最全。村民常常乐此不疲地赶了这个集再赶那个集，购置自家需要的年货。年画、鞭炮、吃的食物、穿的衣服、家电，甚至摩托车等大件都赶在过年的时节购买。

腊月二十一、二十二准备打扫卫生，家里洗洗刷刷，如家具、被单、衣服都要在过年前擦洗干净。也有人借此机会给门窗重新上漆，家里焕然一新，干净整洁地过大年。腊月二十三过小年，是辞灶的日子。灶王爷是一家之主，与老百姓住在一起，一年的工作完成了，在腊月二十三要升天向玉皇汇报情况，人们给他上供送行，愿他上天言好事，下界保平安。当地人称灶王爷为“担锅老爷”，认为灶王就是张果老。小年这一天，村民马贵义从集上买来黄表纸、香、糖瓜（一种甜点）、水果（如苹果、橘子等）和糖块，在晚饭前，由他的妻子主祭，点上香，摆上买来的供品并烧纸，打发灶王爷上天。马贵义说给灶王爷买些甜的供品，好让他嘴甜，上天到玉皇那里说好话。上完供后，给灶王爷的供品就分给大人或孩子吃掉。腊月二十六七开始炸菜，即将肉、鱼、黄花菜等裹上面糊放在油锅

灶王爷神位

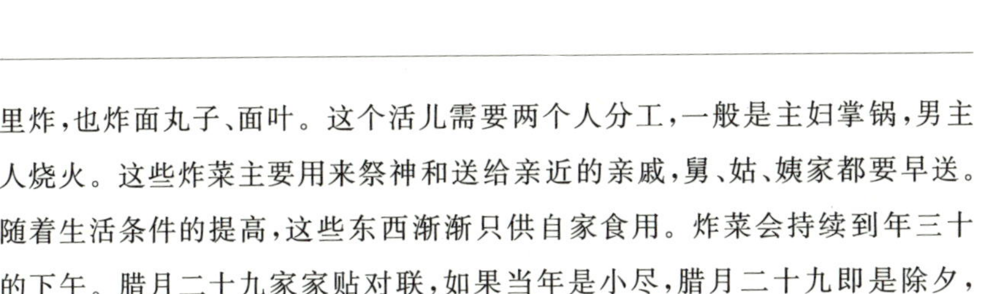

里炸，也炸面丸子、面叶。这个活儿需要两个人分工，一般是主妇掌锅，男主人烧火。这些炸菜主要用来祭神和送给亲近的亲戚，舅、姑、姨家都要早送。随着生活条件的提高，这些东西渐渐只供自家食用。炸菜会持续到年三十的下午。腊月二十九家家贴对联，如果当年是小尽，腊月二十九即是除夕，则在腊月二十八下午贴对联。贴对联时讲究从东往西贴，每个门都要贴。

大年三十中午不吃饭。晚上打纸[①]、包水饺、发纸马。打纸烧给老天爷、土地爷、灶王爷、河神、财神、瘟神、山神、牛王等各路神仙，念叨着："过年了，给你们烧些纸钱，保佑阖家平安。"晚上十二点钟烧完纸"供养供养"，最少磕三个头，然后放鞭炮。年夜饭吃素包子（饺子），第一碗要供献给神灵。供养完就代表神灵吃完了，人就可以吃了。村民们相信，吃了神吃过的东西一年不会生病。三十晚上十二点家家放鞭炮迎接神灵，除此之外，家家户户要扎天地棚，祭拜玉皇大帝、各路神仙及祖灵；年五更的时候摆上供桌，桌上有供菜和酒水，然后发纸马、烧香，这些都是给各路神灵的。

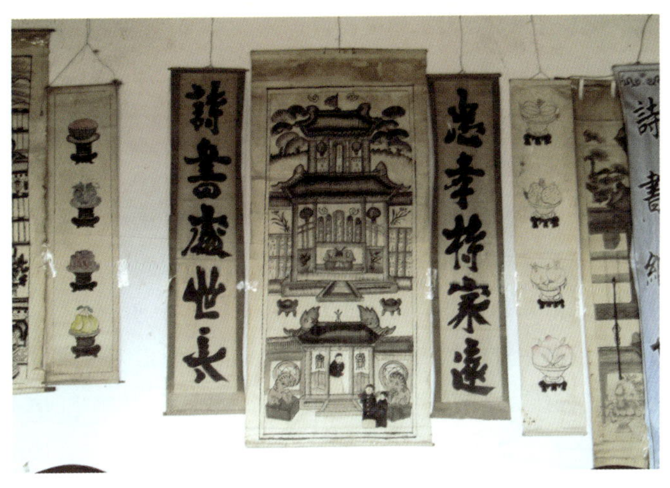

牛郎庙内孙氏宗祠内的家堂

对于牛郎官庄孙氏家族来说，三十晚上必须有人值班"陪坐"，即陪祖先说话，其实就是比较亲近的叔伯兄弟们在一起守夜聊天；守家堂时供奉的香

① 打纸：当地方言，指上坟前，把买来的烧纸平放于地，拿一张百元钞票在最上面压一下，压的时候由右向左，由上向下，压过之后就成了"纸钱"了。每刀纸再平均叠成七八份，便于携带和燃烧。

火不能断，取“香火不断”的意思。家堂只有本家族的成员方可观瞻，出嫁的女儿无权祭拜娘家家堂。初一早上，同家族中的人都要先去家堂给祖先拜年，然后各家再相互拜年。

初一早上开始拜年。拜年时以家庭为单位，如夫妇带领孩子一起去拜年。拜年一般遵循固定的习俗，如先拜本家，如自己的叔叔、大爷，再拜邻居，不同的家族之间不互相拜年。拜年结束后，人们就开始进行各种娱乐活动。通常男人们聚在一起打扑克，女人们聚在一起聊天、看电视。以前没有扑克可打的时候，男人们常聚在一起喝酒、聊天、打麻将和推牌九。

初一下午的主要活动是送家堂。送家堂时到祖坟上放鞭炮、烧香焚纸，但不再供酒菜了。村民马贵义说，从年三十晚上到正月初一各家都给家堂供过各种肉菜茶酒了，所以送家堂时酒菜就不再端上坟，只是在祖宗们上路时给他们送些盘缠（即烧些纸钱）就行了。

初二是当地闺女回娘家的日子，这天女儿、女婿要带上礼品去看望岳父母，通常会带着孩子去，当天就回。出嫁的女儿不可在娘家住下，亦不可拜见娘家的家堂。上门女婿马贵义通常是在初三带自己的妻子、女儿回父母家，因为初二他和妻子要待在妻子家里分别充当儿子和媳妇的角色，以便接待妻子的几个姐妹回娘家。

初三要走主要的近亲，如舅舅、姨、姑。初四以后走远房亲戚。初五之前重要的亲戚要走完，如看姑、看舅，亲戚多的，一天要走好几家。年纪大的亲戚，去看看，放下东西就走；年纪相仿的就多待一会儿，有时还在他家吃饭。以前走亲戚能一直持续到正月十五，现在很少能走到那时候的了。初五在当地叫“五么日”，这天早上要吃水饺，早饭前烧香、放鞭炮、磕头。马贵义说开业的日子并不是统一的，初六以后的日子都可以，各家具体在哪一天都是请人算的或自己选的日子。马贵义开业的日子是正月初八，这个日子是他自己选的。初八这天早饭前他亲自放一挂鞭炮就表示开业了。[1]

元宵节 当地正月十五有送河灯的民俗。在正月十五晚上，人们到村前沂河边上送用萝卜或白菜疙瘩做成的灯。当地人认为这些灯都是为孩子们送的，因为小孩子夏天常常会去河里游泳，为了祈求平安，正月十五这天

---

① 马贵义，男，牛郎官庄人。访谈时间：2006 年 3 月。

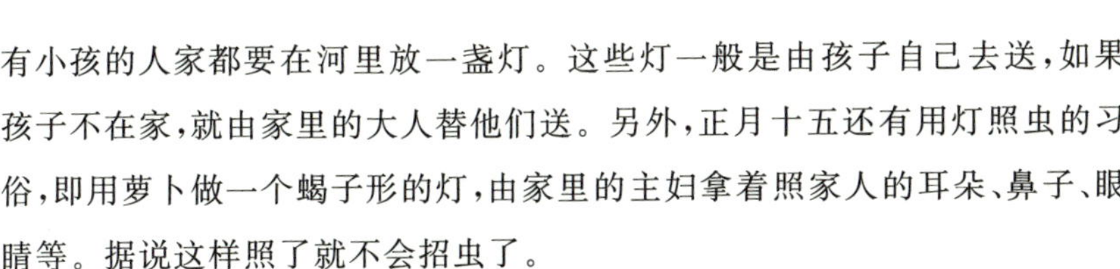

有小孩的人家都要在河里放一盏灯。这些灯一般是由孩子自己去送，如果孩子不在家，就由家里的大人替他们送。另外，正月十五还有用灯照虫的习俗，即用萝卜做一个蝎子形的灯，由家里的主妇拿着照家人的耳朵、鼻子、眼睛等。据说这样照了就不会招虫了。

以前正月十五当地有做面灯的习俗。这天用和好的面捏两条相互缠绕的龙，安上眼睛。在其中一条龙的脊背上捏一个面碗，放到锅里蒸熟了后，在面碗里放半两豆油，碗底插一根捻好的浸过油的棉棒，点燃后到处照照，祈求一年的丰收。

正月十六做巧巧饭 做巧巧饭是包括牛郎官庄在内的整个燕崖镇地域内都有的习俗，参与者是 10 多来岁的小姑娘。是日早晨吃过早饭后，这些小姑娘便三五成群相邀至大河涯（沂河边），带着从家里拿的米、豆、锅具等物件，在河涯边上用石头垒个炉子，再拾点柴生火。若是去做巧巧饭的小姑娘多了，就分好工，有拾柴的，有烧火的，有淘米的。先用长流水（河水）洗净各种食材，再把黄豆、豇豆、绿豆、小米等放入锅内，用长流水熬煮。有时候放上顶指和穿上线的针；有时候也放硬币，青钱（青铜质地的古钱）也行。盛饭的时候要闭着眼睛，若盛到硬币，就预示这一年要发财；若盛到针，就说明心灵手巧。孙启长的妻子回忆说，过去姑娘们聚在一起开开心心地煮巧巧饭时，男孩子都跟疯了似的，趁着姑娘不注意就往锅里撒一把沙、一把土。这种活动增加了青年男女相互了解的机会。正月十六这天，本村里的姑娘们还有一个习俗——扎耳洞，平时扎耳洞的比较少。出嫁的女儿也可在此日回娘家。①

正月十六的牛郎庙庙会 在牛郎官庄，正月十六会举行盛大的牛郎庙庙会。在庙会上，有唱戏的，有卖东西的，各个庄里还会自发地来这里演戏，不过都是些小节目，小腔小调没有大戏。据牛郎官庄村民韩凤祥回忆，当时的庙会规模很大，外村的也会在这个时候来牛郎官庄赶会。来赶庙会的人，有的是来牛郎庙烧香的，有的是来看戏的。看戏基本上是当地民众参加庙会的主要娱乐活动。

二月二，回娘家 传统社会中出嫁的女儿不能随意回娘家，一年中仅有

① 韩凤祥，女，牛郎官庄人。访谈时间：2006 年 3 月。

几个特殊的日子方可回家看望家人，二月二就是其中之一。据说二月二纺线的时候会出蛐蜒和蝎子，所以出嫁的女儿可以在此日休息并回娘家。由此，当地形成“二月二，回娘家”的俗语。此时回娘家与春节回娘家不同，春节过后初二出嫁的女儿跟姑爷一起回娘家，而二月二只限嫁女自己回娘家。

另外，当地二月二还有一个重要的习俗“炒豆子”，据说是为了给土地爷过生日。以前每个村子都有土地庙，家里有人去世后要先去土地爷那儿报到，安上一张桌，放上一个牌位，写上本村土地。去世的人年龄越大泼汤的次数越多，一、三、五、七次不等（一般是单数，最多七次）。牛郎官庄村的土地庙在村东头，现在土地庙没有了，人们对土地爷的祭奠也只剩下了人死后向土地爷报到的仪式。老人去世后，在下葬前，每天中午 12：00 点到村头土地庙泼汤。关于土地爷，村民孙启荣说，土地爷原来就是一个神，姜子牙封神时，土地爷想当大官，就对姜子牙说：“我想当大官，人间什么官最大？”姜子牙说：“想当大官不难，你去看看，是红门就进，就能当大官。”土地爷着急忙慌地把“红门就进”听成了“逢门就进”了。他来到各村一看，村头第一个门是一个小庙，就赶忙进去了，因为他想的是姜太公让他“逢门就进”。他在小庙里住了下来，当上了村里的土地爷。本来土地爷想当一个大官，结果成了神仙里边最小的官。①

从前该村过二月二，家家都用草木灰在家里各角落撒圆圈，在里面放些五谷杂粮，这种习俗叫“打囤”，为的是祈求丰收。现在，二月二作为节日，已经很少有人过了。

三月三，过神仙　“三月三，过神仙”是指当地在农历三月初三有围绕八仙举行的盛大庙会。1949 年之后当地的大贤山庙会渐趋衰落。三月三是好日子，春暖花开，特别是桃花开的时候，过神仙。在当地三月三这一天，玉皇顶、织女洞、无生殿都有庙会，届时村民会祭拜玉皇大帝、王母娘娘。参加庙会者多为 40 岁以上的中年妇女，年轻的妇女很少去。来赶庙会的香客一般都是从织女洞开始，沿着无生殿上去，一直到山顶上的玉皇庙，有相对固定的进香路线。而小官庄村民苗永香却认为三月三主要是王母娘娘的蟠桃会，是为了给她过生日而特置的节日。

① 参见山东大学民俗学研究所：《山东省沂源县燕崖乡牛郎官庄民俗调查报告》，2007 年 6 月。此部分的主要调查者是山东大学民俗学研究所研究生卢翱（2005 级）。

牛郎官庄村民的进香旗

三月三晚上，牛郎官庄家家户户包水饺敬家仙。家仙被尊称为“看家老母”，她不是天上的神，是看家护宅的，各家都有，只要房子住人就要敬她，不住人的宅子则不必敬。[①]

苗永香家中的家仙神位

① 李传叶，女，牛郎官庄人。访谈时间：2007 年 11 月。

四月八 村民多在农历四月初八带上黄表纸、叠的金银元宝和酒到大贤山上的无生殿祭拜送子娘娘。当地流传的佛歌唱道："四月里是四月八，送生娘娘到俺家。白胖的娃娃送给了俺，长命百岁把根扎。"

大贤山无生殿内的送子娘娘

野人盼寒 村民有"馋人盼年，野人盼寒"的俗语，意即"馋人"喜欢吃点好东西，所以就盼着过年；"野人"喜欢玩耍，就盼着过寒食节。在当地，寒食节与清明节有严格区分，并进而把寒食节细分为"小寒食"与"大寒食"。"一百五，燕子来到青州府"，即冬至过后的105天气候逐渐稳定，燕子就回来了，这个时间当地叫"一百五"，而不叫"小寒食"，一百五的时候添土，次日即大寒食。大寒食的主要习俗是上坟、烧纸、祭奠，清明节则不上坟祭祖。①

当地人认为，春天最重要的节日是清明。当地清明节有"叫媳妇"、荡秋

① 孙启荣，男，牛郎官庄人。访谈时间：2006年3月。在访谈中，孙启荣用"馋人盼年，野人盼寒"指出了过年、寒食节的主要特点。

千和门上插柳等习俗。

“叫媳妇”专指叫未过门的媳妇来婆家过清明节。在清明的头两三天，男青年在家的话，就亲自去未来的丈人家叫未婚妻来自己家过节。若男青年在外打工未归，就由大姑子或小姑子去请。如果没有姑子的话，就由婆婆去请。请来后，自然是好吃好喝好招待。过完节后，男方要将未婚妻送回娘家。临走时，男方要给女方包个红包，还得给女方父母准备点礼物（点心、鸡蛋等）带回去。

清明节这一天最主要的活动是踏青、游玩，而荡秋千是当地很受欢迎的娱乐活动。以往都是在院子里架上秋千，大人、小孩都爱玩，现在只有小孩玩了。这天男青年把未过门的媳妇接过来玩，由自己的姐姐妹妹陪她荡秋千。现在年轻人都上班了，如果有时间就过来玩，没时间就算了，即使来了也不再荡秋千了。

清明节这天，除了荡秋千、吃鸡蛋（把鸡蛋染成红的或绿的）之外，家家还会在门上插柳条、松枝。当地传说，寒食和清明插柳条和松枝都是为了纪念介子推和他的母亲。

五月五，包粽子　在牛郎官庄，端午节的习俗就是包粽子吃。包粽子的食材大多是购买的，以前用黏黄米，现在用糯米。当地人包的粽子都是甜味的，一般糯米里放花生和红枣。现在很多嫌麻烦的人五月端午也不包粽子了，有包小包（水饺）吃的。与全国大多数地方一样，牛郎官庄的村民都认为端午节吃粽子是为了纪念屈原。屈原是南方的一个诗人，为奸臣所害，投江自杀，群众为了保护他的尸体不被鱼吃掉，就往江里撒米，后来就演变成为五月初五吃粽子的习俗。当地除了吃粽子的习俗，最具特色的就是缝荷包、挂“姑娘”和给小孩戴彩线了，上年纪的妇女会给自己的孙子、孙女缝制装有艾蒿叶的荷包，但是现在很少了。

这一天，人们还时兴上山采草药，将益母草、艾蒿、白蒿放进锅里煮粽子和鸡蛋，据说吃了这个能治头痛病。

六月六，吃凉面　将玉米面、小米面和地瓜面筛细，然后炒熟，用凉开水化开红糖，再加上炒面冲着喝。当地村民认为，天气酷热，吃这样的凉面解暑，不伤人。过去的时候村里还有六月六晒龙王、晒被子的习俗，现在改为敬家仙、敬天神。另外，六月六还是放牛羊的人过的节日。这一天主家给放

牧人做顿好饭，犒劳一下放牧人。各种野兽都归山神爷管，放牛羊的人在六月六这天就带上供品去山神庙里祈求山神爷，求他管好猛兽，不要让它们出来祸害牛羊。据村民孙启荣说，村南的山坳里新建了一个山神庙，庙里供的是风老婆子、霹雳将军、雷公和闪打娘子。

七月七，烧秋衣 七月七在当地被看作是牛郎织女相会的日子。村民苗永香说，七月七以后秋风开始凉了，老人们要开始做棉衣了。这天老年妇女还给牛郎织女的两个孩子做鞋、做棉衣（实际上是单的），鞋和衣服都是用布做的，然后去山上烧香，将送给牛郎织女的儿女的鞋子、衣物烧掉。年轻的女人不能给牛郎织女的孩子做衣物。

当地人认为，这一天所有的鸟都去衔泥填河修桥，会有很多鸟死去，据说都是累死的。当地人还认为，是日百鸟为牛郎织女相会搭桥，天若下雨，说明他们见面了，二人互诉衷肠，泪如雨下；如果没有下雨，就说明他们没能见上面。但也有人说，因为牛郎织女年纪大了，孩子也大了，老夫老妻了，也就不哭了。

牛郎庙前烧香祭拜的香客

过去在七月七这一天，村外大贤山山上还有山会，周围村里的人都去赶会。年纪大的妇女都到山上去烧香，年轻的都不去，因为她们有很多活要忙。她们去给织女烧香时，路过牛郎庙，也对牛郎祭拜一番。2008年之前，除了有上山烧香的活动外，当地村民在七夕这一天并未有其他活动。

现在,随着当地牛郎织女文化的深入宣传,不仅大贤山织女洞形成了规模盛大的庙会,而且官方还会举行"牛郎织女文化节"。七月七已经成为沂源县官民狂欢的一个节日。

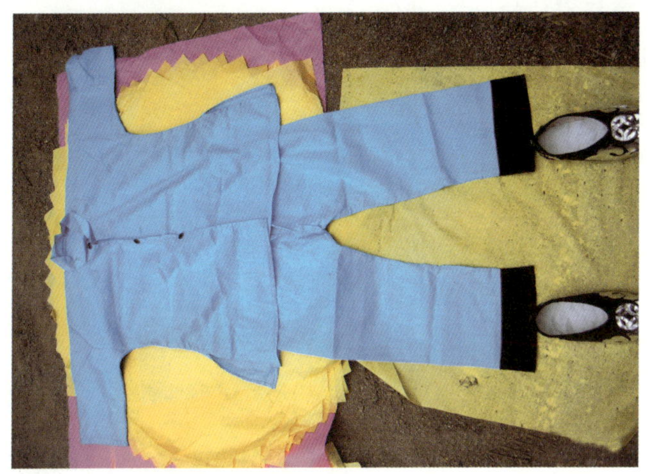

七月七给织女子女烧的秋衣

牛郎官庄村民欢度七月七

七月半 七月十五是当地上坟的日子,村民在这天要杀羊上供。

不祭月的中秋节 当地的风俗是出嫁的女儿于八月十五之前或当天要到娘家送重礼。八月十五在此地是人的节日,不供神灵,也没有祭月的习

俗。这天的节令食品是羊肉、月饼和水饺，家家户户讲究团圆，在外的人都要回家与家人一起过节。

九月九，敬家仙 村民在这一天有在家祭家仙的习俗，其仪式与三月三相同。牛郎官庄的九月九并无“老人节”这样的观念，也无登高、赏菊的习俗。

李传叶家中的家仙神位

十月十五 织女洞有庙会，民众于是日到包括玉皇顶等地在内的大贤山诸神庙内烧香祭拜。

冬至上坟 牛郎官庄的村民在每年大寒食、七月十五、冬至、年三十上坟。冬至这一天，当地最重要的活动是家家户户上坟祭祖。冬至的节令食品是水饺，当然最好的是羊肉饺子。这天吃不吃羊肉要看各家的生活条件，条件好的可能要吃羊肉或其他更好的东西，条件差的只能吃普通馅的饺子。当地的习俗是女儿结婚之后的第一个冬至不能回娘家，否则对公婆不利。

对于阳历节日如“三八”妇女节、“五一”劳动节、“六一”儿童节、“十一”国庆节、元旦等很多村民都是知道的，但是他们都说农村不兴过阳历节。尽管他们知道这些节日，但用他们自己的话说就是“那些东西白搭”。如村民马贵义说：

> 在农村，“三八”妇女节时农活很忙，妇女累得很，甚至累得连饭都顾不上吃。“五一”劳动节正是村民田间劳作最忙时候，不仅要给果树打药、浇水，而且要给田里小麦施肥、浇水。到“十一”国庆节时更是正好赶上繁忙的秋收。以前农村的孩子在学校里过“六一”儿童节，家里

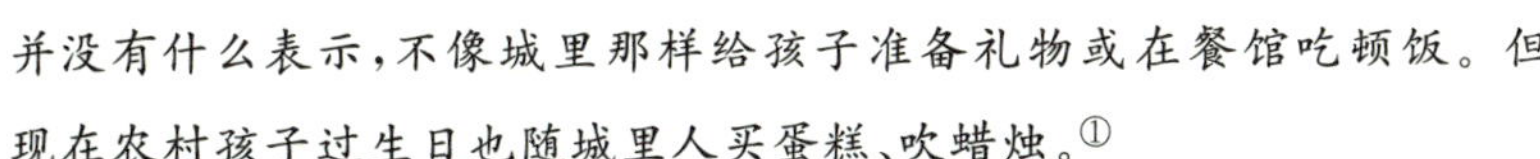

并没有什么表示，不像城里那样给孩子准备礼物或在餐馆吃顿饭。但现在农村孩子过生日也随城里人买蛋糕、吹蜡烛。[①]

鞋匠马贵义的女儿过生日时，他就骑着摩托车去沂源县城给孩子买奶油蛋糕和衣服。当地也不过阳历年元旦，虽然那时农活不忙了，但没有形成过节的习俗。

二、老母会

(一)聚会

中国自古以来就有对“社”的崇拜，由“社”的土地神信仰发展到基于追求某种共同信仰集聚结会的“香社”组织。牛郎官庄女性村民结社立足在结社者共同的神信仰、志趣基础上，是当地百姓文化生活的重要组成部分。与民间宗教结社团体相比，她们的组织结构较为松散。

据目前掌握的资料看，香社主要存在于明清时期。据村民李传叶说，村里的老母会开始得很早，具体是什么时候她们也不清楚，只知道她刚嫁过来的时候，她的婆婆就当会。据此推断，牛郎官庄的香社组织存在的时间不少于百年之久。[②]

牛郎官庄的香社对于妇女而言可谓是“全民总动员”，在我们的调查中，老年妇女没有不入会的。但是年轻妇女入会的则几乎没有，问及原因，她们都说是“年轻人家务忙，没时间”。这固然不无道理，但深究下去，却和当地人虔诚的敬神态度有更为直接的关系。牛郎官庄一带的妇女认为，年轻的时候有例假，就是身上不干净，这种“身上不干净”的妇女被禁止和神接触，她们不能摆放供神的食物器皿，不能参加敬神拜神的活动，不能出入供神拜神的场所。总之，只要有神的地方就不能接近，如果这种禁忌被打破，就会给自己甚至全家人带来厄运。所以千百年来，没有任何一个妇女有这种勇

① 马贵义，男，牛郎官庄人。访谈时间：2006 年 3 月。

② 李传叶，女，牛郎官庄人。访谈时间：2007 年 11 月。李传叶与其丈夫孙启忠都是笔者重要的访谈对象，其中，李传叶提供的资料主要包括请家仙、老母会等信息。关于李传叶的访谈主要由山东大学民俗学研究所硕士研究生任双霞（2004 级）完成。行文中有涉及此部分内容的不再提供访谈信息。

气去以身试法。[①]

牛郎官庄的妇女们很自觉地在自己50岁左右绝经之后主动联系香社的领导者，要求参加老母会组织。因为在牛郎官庄没有其他的香社组织，所以这些中老年妇女没有参加什么社、祭拜什么神的选择性困难。对她们而言，重要的是参加活动本身，是一种参加活动时的身份归属感，信仰活动能否达到什么目的，相对来说不重要，在活动中宣泄感情、展示魅力、张扬自我、彰显存在更为重要。

牛郎官庄的香会是每月的初九当会，主要拜的是老母奶奶，即救苦观音，她的生日是初九，所以，以此活动而组织的香会被称为“老母会”。也有的认为，老母是泰山老母，泰山老母姊妹五个：泰山老母是老大，无生老母是老二，观音老母是老三，空中老母是老四，地堂老母是老五。所谓“当会”意思有二：一是参加香社组织，参加同一香社组织的各成员互相称“会友”；二是参加每月初九晚上的聚会。香社中领头的叫“香头”，她并无职权或者特权，一般而言，轴子都放在香头家，每月初九的聚会也多在香头家进行。

李传叶是牛郎官庄村三个香会会首中的一位。她把观音老母、泰山老母供奉在她家正屋旁的一间屋子里。进了门，就看见屋里的正墙上挂着一块方形红布，红布上面贴着观音老母、泰山老母的画像，画像前放着一张老式的八仙桌。李传叶接的是她婆婆的班，至今已经24年了，因此她有24条号布。[②] 最初，李传叶所在的香会有十三四个人，现在就只有8人，最大的80岁，最小的也有50多岁。年轻的一般都在她弟媳妇家当会。她弟媳妇所在的香会有20多人，有40多岁的，也有50多岁的。因为李传叶家的当会时间是在每月初九吃过早饭后进行，年轻人白天太忙，没有时间过来。弟媳妇家当会的时间是晚上进行，人们多已干完活，有时间过去。当会用的金银纸、香由会友凑钱购买，所摆供品则由每人从家里自带。她们有带炸豆腐的，有带肉的，有带鸡蛋的，因是8个人，多是8碗菜；不带菜的也可以拿饼干、桃酥、苹果等。当会那天，把供品摆好，然后烧香、磕头。

---

① 尹翠云，女，燕崖人。访谈时间：2007年3月。尹翠云是燕崖乡的文化站工作人员，她参与陪同我们每次的调查，以上内容是由本书作者郭俊红访谈整理。关于女性敬神禁忌，几乎所有的牛郎官庄村民都会提及，但是这些村民谈论时都比较含糊、隐晦。

② 号布条：记录香客们朝山活动信息的布条子。主要包括朝山之人所属香社、年龄、住址以及本次朝山的时间、地点等。

大官庄较年轻的老母会会友在唱佛

因为村民们白天要干农活，没时间，所以牛郎官庄的“老母会”一般于每月初九晚上聚会。是夜月亮初升的时候（一般是晚上 7 点左右），各家的妇女从家里携带香烛、供品来到香头家里。而香头也早已把家里收拾得干干净净，坐等会友们的到来。香头招呼刚刚进入家门的会友，边说话，边接过会友手里的供品与香烛，放在早已准备好的香案上。早去的会友已经把自己带去的香烛供上。会友刘清美说：

> 有空就多烧一盘香，一盘就是六根。一般是初一、十五的时候烧三根，当会的时候烧六根，这时神比较多，所以要多烧。来当会的人都是为了行好的、求平安的；心术不正的话，求不到好。当会的时候都干什么呢？先有老子后有天，烧香的时候先请老子爷跟玉皇大帝来坐席，再请五家老母来坐席，她们都是来搭救、看望我们凡间的人的。请来之后燃香、烧纸，端上酒、菜，让他们吃了喝了，再送上一对莲花盆。

已经到来的众会友围坐在一起家长里短地聊天，等人都到齐了，香头就招呼大家停止聊天，准备净手插香。香点燃之后，众会友便给神灵磕头，起身围坐在一起准备唱佛。

织女洞内赶庙会的唱佛香客

“唱佛”又叫作“念经”，是当地香客们的说法，具体指的是香客祭拜神灵时演唱佛歌的仪式。所唱的内容被称为“佛”“经”或“经卷”。我们通常会将她们口头演唱的赞美神灵功德的韵诵体叙事诗称之为“佛歌”，简单来说，就是民众在日常生活及庙会中供奉神灵、与神灵沟通时所唱的“歌”，或者说所念的“经”。在民众供奉神灵时，往往会借助一些媒介和载体与神灵沟通，获得神灵的帮助，使自己各种美好愿望得以实现，唱佛便是其中的一种重要渠道。并不是所有的会友都会唱佛，会的就唱，不会的就是在那里听着。有的人学学就会，有的人却总是学不会，没有专门教的。那些会唱佛的都是在空闲或是庙会的时候从别人那里学的。

然而，她们所唱的佛歌与佛教或道教中宣讲教义的经卷宝卷或善书截然不同，无论就其内容、格式、长度还是其演唱者来说，都不能归属为一类。她们演唱的佛歌数量多、曲调杂、内容全。佛歌表达了妇女们最普遍的心声。佛歌中涉及的愿望有祈求心宽、气顺、健康、长寿、平安、顺利、做官、升学、发财、生子、团圆、风调雨顺、五谷丰登、姻缘美好、儿孙满堂，甚至还有感谢毛主席、祝愿世界太平等。如：

一根拄棒来暖一暖，拄着那拄棒来念佛，念佛到了个几重逢，谁家念佛就谁见好。

两根拄棒来长得壮，拄着那拄棒就进庙堂，进去庙堂俺见老母，老母就像那亲爹娘。

三根拄棒来三月三，王母娘娘就过寿诞，一年一次的蟠桃会，请下那旧符来打油钱。

四根拄棒来四月八，送生娘娘就到俺家，白胖的娃娃送给了俺，长命百岁就把根扎。

五根拄棒来五月五，家家户户就过端午，人人都把那艾蒿插，老老少少的戴荷包。

六根拄棒是火热的天，热得那媳妇就孝顺俺，夏天安上那电风扇，冬天就把那暖气安。

七根拄棒来七月七，天上的牛郎配织女，一年一次来相见，喜鹊就把那桥来担。

八根那拄棒来八月八，儿子挣钱就给俺花，拆了旧房就盖新房，盖起新房来伴爹娘。

九根那拄棒来九月九，俺就随着咱社会走，老母为着咱山东人，保佑咱山东人大丰收。

十根拄棒是样样齐，这样的日子是党给的，好好感谢那共产党，好好感谢咱毛主席。[①]

以下这些佛歌是当地妇女唱得比较多的，她们在每月初九晚上的会友聚会和参加庙会时多演唱这些佛歌。兹摘录四则如下：

一烧香

一烧香来心要平
烧香就把礼来行
世上一个同公理
山上山下神接迎

① 山东大学民俗学研究所：《山东省沂源县燕崖乡牛郎官庄民俗调查报告》，2007 年 3 月。在此次调研中，几乎所有佛歌资料的搜集整理工作都是由山东大学民俗学研究所研究生孙芳（2004 级）、刘爱昕（2005 级）、张玉（2005 级）完成。行文中引用各佛歌时不再具体交代搜集整理者。

二烧香来心要全
俺把神仙请到了俺面前
请神不知大和小
安神不知左右边
一拜贡献烧香烟
烧黄钱要真心
磕头誓报神仙的恩
念到这里周围满
念上个经卷太平年
弥陀佛

包袱

这对包袱竹叶青
先包佛后包经
经卷佛法包得全
送在全神的面前
全神打开包袱看
这家人家真良善
赠妈妈九十九
赠老汉儿一百三
赠俺儿子做高官
赠俺孙孙做状元
念到这里周围满
念上个经卷太平年
弥陀佛

玉皇经

今日念上部玉皇经
玉皇出行好事情
骑了一匹青龙马
打了一对玉花灯
哪里旱了下透地

哪里涝了刮个西北风
大灾小难刮个净
五谷丰登好收成
善人念上个玉皇经
青春不老常年轻
念到这里周围满
念上个经卷太平年
弥陀佛

十杯酒

善人烧香先念佛
手捧着高香请天佛
四面八方都请到
天神地神都敬着
众位神灵来赴宴
善人就把酒杯端
一杯酒先敬天
一年四季保平安
二杯酒再敬地
地堂老母多出力
出力就把财来赏
天增岁月人增寿
三杯酒敬佛堂
万般大事都顺当
四杯酒敬财神
财神敬到俺家门
五杯酒敬月老
儿女的婚姻配得好
六杯酒敬圣人
辈辈出那有才的人
七杯酒敬名医

全家免去生病的
八杯酒敬八仙
人财两旺福寿全
九杯酒敬北斗
人也有来财也有
十杯酒敬得全
富贵荣华万万年
念到这里周围满
念上个经卷太平年
弥陀佛

在牛郎官庄,由于织女洞、牛郎庙两处自然人文景观的存在,使得当地老母会的妇女们在吟唱佛歌时,有一部分是专门演唱牛郎织女故事的佛歌。通过演唱这些佛歌,她们对牛郎织女传说的地方传承与演变起着不可忽视的作用。当地流行的关于牛郎织女佛歌主要有:

这担花篮真是好,担着花篮来行好。花篮里头盛的啥,里头盛的无价宝。大宝小宝都有名,说说念念善人听。俺有钥匙开四门,俺有文凭无字经。无字真经常常念,也免灾来也免难。二担花篮手中提,里头盛着香和纸。香纸都是神家用,烧香磕头敬神灵。敬的神灵心欢喜,一年四季保平安。三担花篮用心看,里头盛的万宝山。万宝山上样样有,都是善人凑的钱。有人念上花篮记,出门在外多顺利。一担担的灵芝草,两边红灯两边照。三担王母扶蟠桃,四担鲤鱼水上漂。五担黄河两边靠,六担荷花水上漂。七担担的红玫瑰,八担金鸡翅膀飞,九担担的天仙配,十担牛郎配织女。大步行走落大山,担着花篮到佛前。一到佛前双膝跪,双膝跪在佛面前。一问老母你可好,二问老母你可安。老母一听心欢喜,一年四季保平安。

正月里正月正,夫妻二人把山登。上去高山见老母,道友啊,老母把俺孙孙赠,哎嗨连(音)。二月里这一天,龙王老爷过圣诞,龙袍官服做了个全,道友啊,风调雨顺太平年,哎嗨连。三月里来这一天,王母娘娘过圣诞,一年一次蟠桃会,会友啊,蟠桃会上炼仙丹,哎嗨连。四月里四月八,送生娘娘到俺家,白胖的娃娃送给俺,会友啊,长命百岁把根

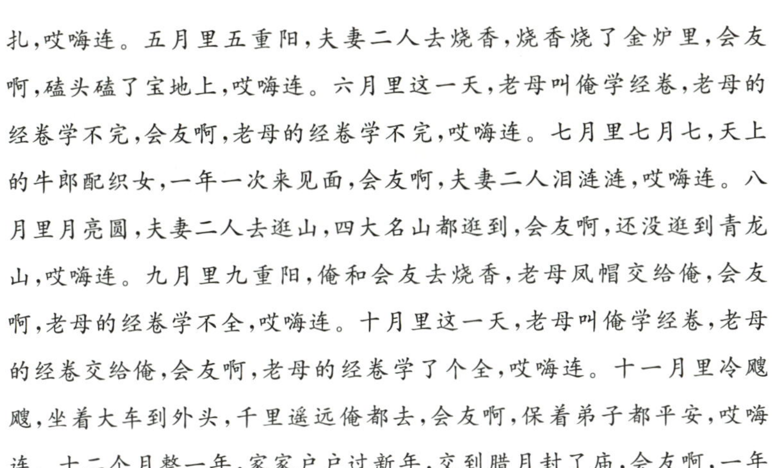

扎，哎嗨连。五月里五重阳，夫妻二人去烧香，烧香烧了金炉里，会友啊，磕头磕了宝地上，哎嗨连。六月里这一天，老母叫俺学经卷，老母的经卷学不完，会友啊，老母的经卷学不完，哎嗨连。七月里七月七，天上的牛郎配织女，一年一次来见面，会友啊，夫妻二人泪涟涟，哎嗨连。八月里月亮圆，夫妻二人去逛山，四大名山都逛到，会友啊，还没逛到青龙山，哎嗨连。九月里九重阳，俺和会友去烧香，老母凤帽交给俺，会友啊，老母的经卷学不全，哎嗨连。十月里这一天，老母叫俺学经卷，老母的经卷交给俺，会友啊，老母的经卷学了个全，哎嗨连。十一月里冷飕飕，坐着大车到外头，千里遥远俺都去，会友啊，保着弟子都平安，哎嗨连。十二个月整一年，家家户户过新年，交到腊月封了庙，会友啊，一年的事情办了个全，阿弥陀佛！

七斗北星姊妹多，南北流星靠天河，三星跟着参北斗，织女腚后紧跟着，牛郎腚后去追着，拔下金钗划天河，天河划了整一道，撇在牛郎河东岸，撇在织女河西坡，男打女来十分准，女打男来够不着，从小的夫妻两分离，夫妻待要重相见，准备来年七月七。

七星北斗姐妹多，南北流星靠天河。出来明星独一个，牛郎就再打织女。织女就再还一锁，男打女来十分准，女打男来打不着，拔下金簪划天河。一个划在河东岸，一个划在河西坡。从小的夫妻重见面，单等来年七月七。天上的牛郎供织女，阿弥陀佛！

从流传的牛郎织女佛歌中，我们可以看出，牛郎官庄的牛郎织女依靠妇女的演唱在当地世代传承。她们平时忙于劳作，很少有自己的休闲时间，而且牛郎官庄地处偏僻，人们单靠自己很难享受到休闲之乐，所以妇女们便自建集体休闲组织——老母会，在老母会规定的时间里唱佛、聊天、喝茶、解闷儿。村中的妇女想要享受这种集体娱乐活动就必须加入老母会。妇女们在喝、聊、唱期间将属于自己的文化代代相传。调查中，小官庄香头苗永香就说到每月初九晚上聚会唱佛的好处。她说："平时要好的姊妹晚上凑在一块，沏上茶，说说话，唱唱佛，平时一些家长里短的琐事闲气就放到一边了，该急的也不急了，生气的气也顺了。大家伙儿在一块散散心，解解闷，都很舒坦。"她随口唱道："念佛好，念佛好，念佛就是那护心宝，少生气，禁烦恼。"再有，唱佛都是劝人

行善，求神灵保佑平安，对人对己都好。平时，她也常调解村里婆媳妯娌之间的矛盾，“解解疙瘩”。[①]

原来牛郎官庄只有一个香会。随着香头年龄的增长，也为了更加方便地开展活动，2007年，香会一分为三，其中有两个在大官庄。大官庄的这两个香会又按照会友年龄区分：一个年纪集中在70岁以上，会友有8人，她们主要在白天举行香会活动；另一个则年龄偏小，集中在50～60岁，有18个会友，因为其中很多人都是家庭的主要劳动力，所以多在晚上举行香会活动。还有一个香会在小官庄，这主要是因为空间距离造成的，这个香会也有8个会友，年龄集中在50～60岁。她们的香会活动一般也是在晚上进行。这三个香会关系融洽，并无大的纷争，但相互之间又有不同的“内部知识”，例如她们在唱与聊之间传承并延续着对牛郎织女传说的不同理解。调查中发现，牛郎官庄50岁以上的妇女都或多或少会讲牛郎织女传说，她们对牛郎织女传说的了解可能是片断的、支离破碎的，但是对重要情节还是熟悉的。相较那些参加老母会固定唱佛的妇女，没有参加老母会的中青年妇女对牛郎织女传说的认知要少得多。从这一点可以看出，参加老母会唱佛是牛郎官庄妇女在用口头方式传承着牛郎织女传说。

当地香客们演唱的佛歌中包括牛郎织女传说的主要情节，例如夫妻相配、夫妻分离、七夕见面、喜鹊搭桥等，这些情节和全国范围内流传的牛郎织女传说情节一致。专家们认为，牛郎织女传说的主要情节在此地都有清晰的表述，证明此地的牛郎织女传说从情节上来说是完整的。在全国其他地方，人们很容易把《天仙配》和《天河配》混淆，当地妇女利用唱佛歌的形式却很简明地区分为“九担担的是天仙配，十担牛郎配织女”。此地的传说除具有传说的普遍特点外，她们还加入了一些自己的理解。

(二)外出赶会

牛郎官庄的妇女们组建老母庙会，于每年农历每月初一、初九、十五多次聚会。这些活动并不能满足妇女们外出游览的愿望，因此她们还经常借口为家庭成员祈求平安幸福或者还愿组织出外参加宗教性的活动，这些到

① 苗永香，女，牛郎官庄人。访谈时间：2006年3月。

远处参加庙会的活动是她们村内讲经唱佛活动的合理延伸。

近在咫尺的大贤山每年农历的正月十五、三月三、七月七、十月十五都会举行庙会，其中尤以三月三的庙会规模最大。当地人认为，三月初三是王母娘娘的生日。对于牛郎官庄老母会的香社成员而言，她们绝不会放过这个与神交流的机会。2008 年农历三月初二晚上七八点钟，小官庄的香会成员相约去孙兆先家叠元宝、唱佛歌、准备第二天上山带的物品。供品有香、黄表纸、金银元宝、点心（蛋糕、桃酥等）、水果，这些供品供完之后再带回来自己吃，俗信“吃了神仙剩，不生病”。香纸是在二月初九的集上买的，8 个会友每人凑 2 块钱，一共 16 元。

所凑钱数由村民自愿决定，决不勉强，她们相信谁拿多少钱，凡人心里没有数，但是仙人那里都有账。

准备新的号布也是当晚的主要工作之一。号布是香社进山朝圣的必备物品，类似于现实生活中的身份证，每块号布专属每个会友。她们认为，号布是管平安的，上面写有玉皇大帝的名、婆家人的名、娘家人的名，人死之后到阴间，号布有证明的作用——证明人在活着的时候做过好事。香客刘清美说，很多赶庙会的人只唱佛，不祷告。她对此表示不理解，认为应该在唱佛的同时做一些祷告，祈求地里有个好收成，家里人丁兴旺、平安无事等。她向我们展示了身上戴的号布，上面写着：“山路请香登登高，张门刘氏来挂号，表上名挂上号，众家神灵都知道，弥陀佛。”这表明她婆家姓张，娘家姓刘。①

当晚，以苗永香为香头的小官庄香会上共有 8 人，她们已经写好了当年的号布条儿：一块长方形的红布剪成 8 条，每个布条上各自写着她们这个香社会员的名字。这 8 条号布还连在一起，没有完全剪开。苗永香说，这些号布条要等到初九才拿着上山去挂号，挂上号才能发给大家。闰月年的号布是黄色的，有两条：三月三写一条，十月十五再写一条；非闰月年只在三月三写一条号布。苗永香的香社主要人员有孟庆芝、王艳芬、李传美、李传花、耿启爱、耿俊红、苗永贞，她们的年龄基本都是五六十岁。

① 刘清美，女，牛郎官庄人。访谈时间：2008 年 4 月 8 日。

这天晚上大官庄的香会也凑在一起叠元宝，并且唱佛。号布条早就写好了，只是还没有裁开。原先相约的地点是在香头李传叶家，晚上聚会的地点临时换到了有火炉的孙启志、闵凡美一家。有 9 个[①]妇女参加了这次准备活动，驻织女洞的道姑吴美兰来到闵凡美家跟着大家一起叠元宝和唱佛。她们将早就买好的金箔纸叠成元宝，一边叠，一边唱佛。叠宝过程中分工合作，一组三个人负责折纸，另外的人围着簸箩叠宝。女主人闵凡美则忙着给绣鞋插花，这次香会做了好几双绣鞋。在闵凡美家我们拍到了她数年来的号布。闵凡美属于“自愿结会”的，曾到过沂水的许山、沂源的神清宫等地，去得最多的还是大贤山。从 1993 年到 2007 年，号布没有中断。如 1994 年十月十五的庙会号布：

香客的号布

山东省沂源县牛郎官庄信女闵范(凡)美自愿结会到大贤山向玉皇大帝、三官老爷、南海大士、老母奶奶诸神面前进香挂号

一九九四年正月十五日上叩(竖排)

1995 年十月十五的号布如下：

山东省沂源县燕崖乡牛郎村善人闵凡美愿结香会到大贤山织女洞向老子爷、玉皇大帝、王母娘娘、老母奶奶、织女神前进香挂号

一九九五年十月十五日

会友李传叶于 2001 年参加三月三的大贤山织女洞庙会，其号布书写如下：

山东省沂源县燕崖乡牛郎村善人李传叶自愿结香会到织女洞向灵霄仙女、太乙真人、无极老母、元始天尊、无圣老父、无圣老母、太上老

---

① 这个香会有成员 18 人，但是当晚参加活动的仅有 9 人。

君、送生娘娘、南极仙翁、琼宵仙女诸神案下挂号进香，求神保佑风调雨顺、国泰民安

二零零一年三月初三日上叩①

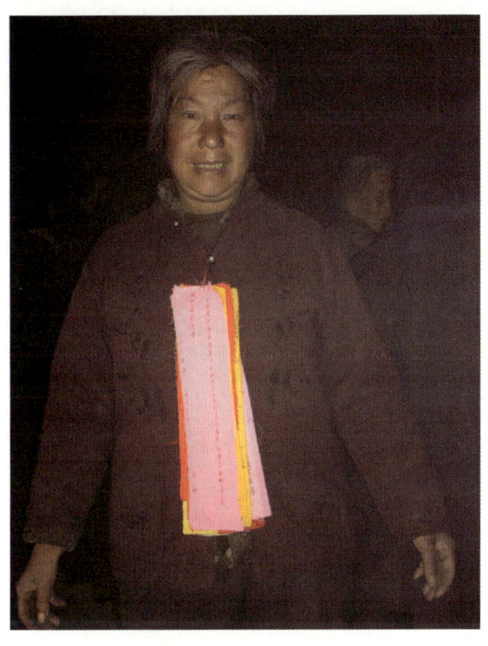

戴号布赶庙会的牛郎官庄香客

2008 年 4 月 8 日(农历三月初三)，我们目睹了香客们上山进香的整个过程。

早上 6:00，到的织女洞进香的香客已经人流如潮。进香者大多数是以团队的形式出现，也有极少的散客。进香的香客打着小红旗，从山门处就开始拜山。拜山时要在山门处烧香烧纸，并念叨着，让山上的神仙知道这些善人们到山上来了。

大官庄的众会友相约 7:30 前上山见面。这个香社买香、纸一共花了 67 块钱，由 18 个人平摊。她们一般是稍微多交一点，若有剩余，就充作下次的花费。这个香社共有 18 人，但是这天轧伙②着上织女洞的仅 6 个，其他的人

① 参见叶涛、苏星主编:《中国牛郎织女传说·沂源卷》，广西师范大学出版社 2008 年版，第 294 页。

② 当地方言，此处意为结伴。

要忙地里的农活，没有前来。会友打着两杆红色的三角旗，红旗上镶着漂亮的黄边，写着“进香”两个大字，旁边有“山东省沂源县燕崖乡牛郎官庄”的落款。走到牛郎庙的时候，她们停了下来，拿出一部分香和纸，在牛郎庙前烧香磕头。烧完香后，大官庄香社的会友们都掏出号布戴在胸前，然后从牛郎庙往北走，从浮桥上过河去织女洞。在浮桥跟前，她们停下来烧香。据说，这也是规矩，过桥过路都要烧香。在浮桥那里，她们碰到了大红峪的会友们，一行 7 人，扛着一杆很大的三角红旗，有好几个老年妇女胸前插着柏枝。跨过浮桥后，她们直接往北走，即使离着牛郎庙只有 200 米，也没有去牛郎庙烧香。询问她们为什么，她们回答：不顺路。她们还说，以前也是只去织女洞，都不去牛郎庙。

她们进入织女洞后，首先在下边摆上供品，然后跪下唱佛，唱了几曲后，再磕三个头。苗永香带着小官庄香会的号布，把号布挂在了织女身上。她说，挂四五分钟才能拿下来，这就叫作“在神仙面前挂了号了”。开始上供品的时候，有的会友往供桌上的酒杯里倒酒，有的在供桌上放饼干或鲜果。供过织女和王母娘娘后，她们就开始分着吃，说吃了供果好，而且供品供养了这个神灵，就不能再供养别的神了。从织女洞出来又在洞外的香火池烧了些香和元宝，继续往山上走。

打着进香旗前去进香的香客

她们烧香的第二站，是无生殿。在无生殿前，循例先烧香。在众人烧香的时候，有个妇女被李传爱带着去了无生殿，向送子娘娘求子。她们先把一个装着香火钱的红纸包和柏枝塞到送子娘娘怀里，然后把柏枝带走，装到自己怀里，留下香火钱。同时口里一直祷告，至于如何念叨，李传爱说，心里想求什么就念叨什么，并不讲究。这时，大官庄和小官庄的香社会友都烧完了香，到了无生殿。她们集体跪下，开始唱佛。苗永香和李传爱是唱佛唱得比较好的，通常是她俩起头，其他人跟着一起唱。

从无生殿里出来后，刚好碰到了已经烧完香的李传叶带领的香社。这个香社来的人更少，只有 3 个。她们上香的顺序跟苗永香她们是一致的：织女洞、无生殿、药王殿和玉皇殿。从无生殿往药王殿走的路上，有一眼山泉，很多人在这里洗手、洗眼睛，但是牛郎官庄香会的会友们根本就没有在这里停留。①

无生殿前唱佛的小官庄众位会友

在药王殿里，她们不仅要拜药王，还要拜石塔。在药王殿烧完香，她们便直接拾级去了玉皇殿。玉皇殿是她们比较重视的神殿。她们仔细摆好供

① 参见叶涛、苏星主编：《中国牛郎织女传说·沂源卷》，广西师范大学出版社 2008 年版，第 295 页。

品，并把元宝都展开摆在地上，聚宝盆也一一展示出来。摆供品大概花费了她们十来分钟的时间。摆完供品，她们集体唱佛，唱了四支佛歌，然后集体到玉皇殿里磕头。磕完头，烧了香和元宝，她们就各自收拾好自己的�子往回走。在往回走的路上，她们有的摘柏枝戴在身上，为求孙子或者重孙子，有的挖野花回家养着，有的从山上挖了些野菜。

我们对牛郎官庄的香社组织进行了持续调查，相比较 2008 年的庙会调查，2006 年的香社赶织女洞庙会时更保持了香社进山敬神的原生态性。2006 年三月三庙会时，香社组织虽已经分开，但是年纪相仿的会友还是会相约在一起进香。当时对进山的会友的要求更加严格，比如上了年纪的、家里刚刚生了小猫小狗的，都不能上庙。当时也是众会友凑钱给王母娘娘买供品，主要是黄表纸、香和用来叠元宝的金银纸。赶到苗永香家中时已是 7 点钟，她已准备好自己带的供品。

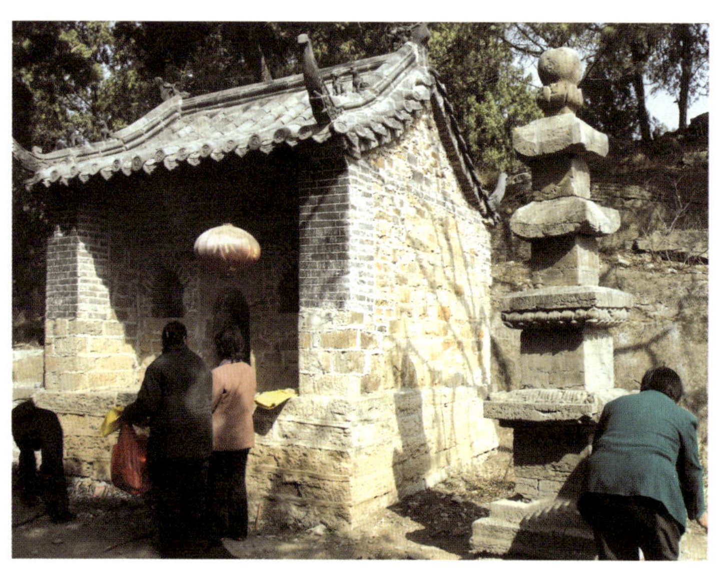

药王庙前进香的香客

三月三早上 7:30，5 人从苗永香家出发，各自带了自己的供品和香。供品都是三样，一般是水果、点心和白面馒头。路上苗永香告诉我们，供品和香自己带，多少随意，黄表纸和金银元宝都是捐钱买的，钱数多少也不限。大官庄的会友们在村西头的牛郎庙等候小官庄的香社。

8:00，大、小官庄的两个香社在牛郎庙前汇合，此次参加进山的共有 13 人。

苗永香带领众会友给牛郎烧香、发钱粮(烧纸),面向牛郎庙磕头。然后出村,路上两会打起黄边红面的三角形会旗,排起一列长队,向山上走去。8:20 她们来到大贤山脚下,苗永香点香向山上的神仙们报信,叫“点信香”。点上香后大家跪下磕头,唱佛。在山脚处烧完信香后开始上山时,大家对进山路线起了争执。因为玉皇的官最大,所以平时的进香路线都是先到玉皇顶,再盘山而下,最后到织女洞。但这时有人提出说,今天是三月三王母娘娘的生日,是王母娘娘的正日子,应先去王母娘娘处。很快大家决定先去拜织女洞中的王母,再盘山而上,最后到玉皇顶。在进山途中,大家经常会遇上熟人或亲戚,有时便停下来拉着手亲热地聊几句。

香社会友到达织女洞后,先在织女洞山门外烧香、唱佛,经询问,才知道这是她们为把门将军烧的香。进入织女洞的山门后,她们又在织女洞外的碑前烧香。大家将带来的纸、元宝和供品放在洞门外,然后进入洞中祭拜。洞分两层,第一层供的是泰山老母。大家纷纷下跪,磕头祈愿,然后开始唱佛。然后进入第二层,这一层右边供的是王母娘娘,左边是织女和她的两个孩子,织女在中间。织女的左边是她的儿子,右边是她的女儿。大部分香客和苗永香她们一样都跪在王母娘娘一边。当时唱佛的是别村的香社,声音很大,也很悦耳。苗永香就一直等她们唱完。可是她们唱了一首又一首,越唱越带劲儿,苗永香决定带会友们出来在织女洞外面唱。在洞外唱完佛歌后,她们开始烧纸和元宝。

从织女洞出来后,她们继续盘阶而上,来到半山处的无生殿。无生殿的主祀神是无生老母。苗永香等人先将供品送进殿内摆上,再出来在殿前的香炉点上香,划开黄表纸,跪下磕头并开始唱佛。唱完将纸和元宝放在宝库里烧,随后大家进殿去拿回自己的供品。这时,苗永香发现自己的供品被别人拿走了,三个苹果只剩下一个。她有些生气,说她本来是想上完供后送给我们这些调查者吃的,因为吃神剩下的东西对人好。苗永香说这拿了东西的人肯定不是来庙会上烧香的,不是真心向佛的。从无生殿的左侧有向上的台阶,我们顺着台阶继续向上走,很快来到了药王庙,有的会友也称其为“月老庙”。这是一个坐东朝西的小型庙宇建筑,南侧是一座不到 3 米高的石塔,是为张道通经石塔,旁边有此塔的简介牌,上面记载着此塔所建的年代及张道通在此修道为人治病的内容。苗永香一行并没在此进行隆重的祭

拜，甚至有的会友没有停留，继续上山。

从平坦处的药王殿要登很高的阶梯方可到达山顶的玉皇殿。这是此次进香的最后一站了。程序还是摆供、烧香、磕头、唱佛，最后烧纸。程序做完后，人们随意找地方或坐或站地开始聊天。这时，我们发现不少妇女头上戴着松枝，也有很多老年妇女将松枝插在怀中，还有妇女正用镰刀钩松枝。与我们一起走的小官庄会友苗永香的嫂子李传梅的怀里也插着松枝，我们问她原因，她说松树四季常青，将松枝戴在头上会长寿，将松枝插在怀里表示想求孙子，因为抱松枝谐音“抱孙子”。

进香间隙聊天的香客

在下山过程中，各村的香客们在议论哪个村的香头和会友唱得好。本次庙会出现了两个核心人物：一个我们没有见到，只是听下山的香客们说当天来庙会的有一个香客唱得很好听，越剧、吕剧、豫剧、黄梅戏的调都会，而且人也长得漂亮。另一个就是我们下山途中遇到的55岁的娄成叶，她的婆家是北安乐村，娘家是山水河的白峪。我们遇上她时，她正坐在路边给大家唱《七女散花》，是黄梅戏的调子，非常动听。有六七个中老年的妇女围着她，边听边学，还有很多人向她索要歌词。有的就让她写在磕头时用的牛皮垫纸上。娄成叶唱了很多遍后要离去，而周围及后来的人都极力地留她。

苗永香也凑到近前，跟她学唱。后来，娄成叶下山，在山脚下等车，又有人将她围住，周围很快就聚集了 40 多个妇女。这些妇女围着她席地而坐，专注地听她唱佛。苗永香及她的会友也坐在她的身边，直到车来了，娄成叶才在妇女们不舍的目光中离开。[①]

进香后相互交流唱佛的香客

这两次三月三大贤山庙会调查间隔时间并不长，但通过比较可以看出，牛郎织女传说进入"国家级非物质文化遗产保护名录"带给香社乃至牛郎官庄村民的变化。相比较 2006 年的香会进香活动，首先是参与的会友人数有所增加，大家凑的钱数也多了，可见人们的积极性更高。其次是会友对于牛郎织女的认同度更高了。2008 年以来，牛郎官庄重修了牛郎庙，进入牛郎庙的人数就更多了。三月三赶庙会的时候，不再有进香路线的纠结，而是直接进入织女洞先祭拜织女和王母，再依次祭拜其他的神灵。过去三月三大贤山庙会民众更认同的是王母娘娘的生日，她们默认是为庆祝王母圣诞而参与庙会活动的，现在大家更认同庙会的主要祭祀神灵是织女。织女与王母在当地民众心目中的地位正在悄然发生变化。

① 参见山东大学民俗学研究所：《山东省沂源县燕崖乡牛郎官庄民俗调查报告》，2007 年 3 月。此部分的调查由山东大学民俗所硕士研究生孙芳（2004 级）、刘爱昕（2005 级）完成。

第三章
生老病死

历史上，由于村落环境闭塞，牛郎官庄村人仍然保持着传统的规范，严格遵守着自己的一套老规矩。特别是在婚丧嫁娶等人生礼仪方面，尽量依循"老礼"而为，似乎代表了某种不言而喻的权威。总的说来，牛郎官庄人很注重添丁进口时的"拽松枝""送祝米"，相反对老人的祝寿活动相对淡漠。但老人死后的葬礼非常隆重，儿女们却讲究"一锨高一锨，辈辈出高官"，希望通过厚葬死者达到祖先庇佑后人的目的。在当地人看来，这种做法无可厚非，生老病死，辈辈都是如此。

一、生育礼①

牛郎官庄属于典型的鲁中山区，男耕女织是传统的经济模式，因此非常注重男丁。婚后女性如果生不出男孩就被认为是断了香火，会受到歧视。因此在传统社会中，生育没有节制，直到生出男孩为止，家里几个姐姐加一个弟弟这样的子女模式在村中很常见。由于多子多福的观念，村落中家里有好几个儿子的也不在少数。20 世纪 80 年代，国家开始全面实行计划生育

① 参见山东大学民俗学研究所：《山东省沂源县燕崖乡牛郎官庄民俗调查报告》，2007 年 3 月。生育礼及后面的婚礼主要由山东大学民俗学研究所研究生冯欣（2004 级）、郭贵荣（2005 级）完成。

政策，在乡村中如果头胎是儿子的话，则不能再继续生育；如果头胎是女儿的话，则5年之后可以生二胎。如果超生就罚款，罚款数额不等。

(一)山上拽松枝，下山抱孙子

当地有俗语“山上拽松枝，下山抱孙子”，想求孙子的老年妇女去大贤山进香时，会顺便摘柏树枝别在胸前第二三个扣子中间，回家后放在儿媳的枕头下，保持不动，认为这样就能“抱孙子”。这种祈子的习俗并没有特别的针对性，家中孩子即使没有结婚也可以拽松枝求子，有备无患。

胸前戴松枝的香客

已经结婚的媳妇，如果半年或者一年还没有“坐胎”，则会由家中的女性长辈带着到山上的送子娘娘处(无生殿)，或者牛郎庙、织女洞去求牛郎、织女送子。求子时，要在神案处摆上菜、水果、点心等供品，然后上香、烧纸、给钱，向送生娘娘磕头、许愿，说如果如愿，则给您送来××××(还愿的东西)，还愿的时候也要带点心、水果之类的供品。有更虔诚的人家会到泰山拴娃娃。孙启荣说，以前农历七月七有求送生娘娘的，韩福祥的孩子就是去求的，他的父亲去织女洞拴了个娃娃，抱回来之后不久，韩福祥的媳妇就怀

孕了。[1] 2008年三月三大贤山庙会时，我们在织女洞进山口处曾遇到过两位到大贤山求子的牛郎官庄女性香客。

香客供奉的供品

(二)坐胎与生育

判断胎儿性别 当地称怀孕为"坐胎""有喜"。村民有根据妇女年龄和坐胎月份推算生男生女的方法：双岁单月坐胎生男，双月则为女；单岁双月坐胎生男，单月坐胎生女。当地还根据孕妇怀孕期间的一些行为判断胎儿性别。比如，孕妇喜欢动，愿干活的，生男孩；光打盹犯困的，生女孩。但吴明香认为，是否犯困和第几胎有关。她怀女儿时，就很能干，临产前还在洗衣服、做家务；怀儿子时，40天就开始"嫌饭"，只想睡觉，没有力气。

禁忌 孕妇忌吃生、冷、辛辣的食物，不吃兔子肉，以免婴儿豁嘴；不吃螃蟹，以免婴儿出现六指；不吃驴肉，以免拖月。条件优裕的人家可以顿顿吃鱼肉，普通人家则不讲究那么多，主食仍是馒头、煎饼。

孕妇不能干重活，不能手提肩扛，不能给果树打农药。但具体情况因人而异，家里活多、身体又好的孕妇虽然不上坡，但干的家务也不少。

生产 临产前一两天，孕妇的母亲和其他女性亲戚如大娘、婶子、妗子、嫂子、姐妹等会带上肉、蛋等礼物来探望她，安慰鼓励孕妇，并提供相关生产

① 孙启荣，男，牛郎官庄人。访谈时间：2006年3月。

经验。孕妇不再做任何活动，准备好衣物等用品，坐车去医院或妇幼保健院生产。

坐月子 婴儿出生后，孩子的父亲一般在当天去岳父家报喜。孩子的姥娘要准备鸡蛋、红糖等让女婿带给女儿。

在医院检查无恙了，产妇坐车回家。月子里产妇不能见风，所以在室外要戴帽子、围围巾，穿得要严实一点。从医院回家时，路过井和碾，要把缝在一起的红白布条挂在上面，因为井、碾都是白虎。室内要温暖不能透风，产妇三天之内不能下床，20多天后可以出屋门，但也尽量避免外出。月子内既不能洗头、洗澡，也不能碰凉水。

产妇生产被认为全身骨头已经开了骨缝，很容易落下病，如照顾不周，很容易落下“月子病”，因此照顾的人要仔细耐心。产妇的婆婆是伺候月子的主力，现在，孩子的父亲也分担了很多。在产妇刚出院的前十天，要煮益母草加红糖水给产妇喝，可以去淤止痛。产妇的食物包括鸡蛋、鱼、肉、米粥和比较软的面食等，不能吃生的瓜果蔬菜和冷的食物，也不能吃干煎饼等硬的食物，防止“岔奶”。从前，产妇不能吃鸡，因为鸡是发物；也不能吃茴香、花椒、辣椒等，这些食物对产妇下奶不利。

望祝米 男孩出生第九天，女孩出生第十二天，产妇的娘家和婆家亲戚带着礼物登门探望并祝贺婴儿降生，叫作“望祝米”或“往祝米”。望祝米的日期也不是完全固定的，吴明香是腊月二十生的女儿，腊月二十八她就望祝米。她说，因为“不能送两年米”，年前出生，不能年后望祝米，所以要提前进行。

望祝米前两天的时候，主家需要请村里的厨师来商量买多少做饭的材料，算计花费。前一天，要买好所有的材料，借好所需的餐具等，再请厨师来进行食物的初步烹制，比如炸肉和鸡等。产妇婆家的女性亲戚要帮忙准备。

望祝米这天一早，家里人起来烧好开水，准备接待客人。从9点开始直到12点，产妇婆家和娘家的亲戚陆续到来，有男有女，特别是小孩的舅舅、姑姑、姨一定要来。来者会挎着盛满麦子、馒头、鸡蛋的篼子，有的会送小孩衣服、毛巾被或布料。周围邻居一般不在这一天来探望，而是选择出院后至满月前的任意一天送点点心、饼干、鸡蛋等礼物。

来者把礼物放在院子里，有专门的记账人记下礼物种类、数量，以备日后参照。探望者进屋探望产妇（男女都可进屋），说一些慰问鼓励的话，看看

婴儿，然后把钱塞进婴儿的褥子里，金额从 5 元到 1000 元不等。小孩的姑和姨给的礼物最多，钱也最多，至少 100 元（吴明香女儿望祝米时，小孩的姑姑都给了 100 元，过年又给了 100 元压岁钱）。产妇家里要给来客上茶倒水，招待周全。

中午大宴宾客，根据来客多少，席数也不同。普通人家宴请 6 桌左右，条件好、亲友多的人家宴请 12 桌以上，比婚礼规格都大。小孩父亲的本家兄弟负责帮忙和跑堂。宴席规格与婚礼相同。

下午两三点左右，客人陆续离开，主人要将客人带来的麦子、馒头等礼物留在篼子里一点，比如留一把麦子或两个馒头让客人带走。

吃过饭以后，舅舅要给新出生的外甥“铰头”。孩子的姥姥要给铰头钱，金额不固定。吴明香的女儿铰头时，姥姥给了 60 元铰头钱。吴明香说，有钱的人家给 1000 元的也有，老人没钱的少给也行。铰头时，要把剪刀放在一个小“升”里，升里还要放入一个书本、计算器（算盘）、秤、线锤子等物，甚至有的还放入手机。孩子的舅舅从升里拿出剪刀，在外甥的后脑勺比划三下（并不真铰头发），就算铰头了。有的也铰下几根，放入舅舅的鞋里，据说这样外甥今后听舅舅的话。

一切仪式结束，收拾好桌椅餐具，打扫干净后，主家要准备晚饭，答谢今天跑堂的人和厨师。大家坐在一起吃饭喝酒，饭菜比较简单。本村厨师来帮忙不需要给报酬。

叫满月　婴儿出生 30 天或接近 30 天的时候，产妇坐完月子，产妇的父亲、兄弟或其他亲戚来接她和婴儿回娘家小住两三天，当地俗称“叫满月”。叫满月的时候得找人查日子，找好日子才能回娘家。娘家热情招待女儿，但一般不再大规模宴请。两三天一过，丈夫就去丈人家把妻子接回来。

姑做裤子姨做袄　婴儿出生满一百天的时候（也不一定非得是整整的一百天），要请孩子的姑、姨、妗子来给他（她）穿衣，祝愿小孩长命百岁。在这之前，孩子的姑姑要做好一条小孩裤子，孩子的姨要做袄，小孩的妗子做一双鞋。男孩的袄是对襟的，女孩的袄是大襟的。棉裤有系带可以在背上系住。比较娇贵的小孩，家人要向各个邻居要来一百块布做成“百家衣”，但现在人嫌麻烦，已经没人这么做了。也有的做小孩裤子时在裤腰两边各绣上两只鸡，寓意大吉大利。

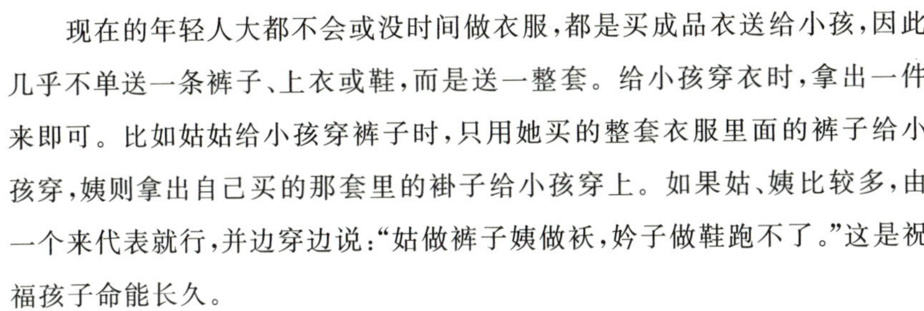

现在的年轻人大都不会或没时间做衣服，都是买成品衣送给小孩，因此几乎不单送一条裤子、上衣或鞋，而是送一整套。给小孩穿衣时，拿出一件来即可。比如姑姑给小孩穿裤子时，只用她买的整套衣服里面的裤子给小孩穿，姨则拿出自己买的那套里的褂子给小孩穿上。如果姑、姨比较多，由一个来代表就行，并边穿边说："姑做裤子姨做袄，妗子做鞋跑不了。"这是祝福孩子命能长久。

给小孩穿过衣，家人一起吃饭。由于百日这天除了孩子的姑姑、姨和妗子，不请其他的亲戚，所以饭菜都自家准备，不需要请厨师。

起名 一般孩子的名字由爷爷、大爷、叔叔起，但并不固定，有学问、见识多的人起的名字，更容易被小孩的父母接纳。如村民吴明香儿子的名字唤作"王子扬"，就是孩子的姑姑给起的。她在县城一中工作，被家人认为很有文化。吴明香很满意这个名字，认为"扬"字比"阳"字要好。

在牛郎官庄乳名一般就用名字的后两个字，比如张阿元的乳名就是"阿元"，王子扬的乳名就是"子扬"。

喂养 婴儿刚降生时，如果产妇没有奶水，就只能喂奶粉。十几天之后，可以喝点小米汤，再大点可以吃蒸鸡蛋等糊状的食物。1 岁左右给孩子断奶，断奶时由孩子的父亲照顾孩子，而母亲远离；两三天后，孩子就能适应没有母乳的生活，开始吃鸡蛋等其他食物。但村中有些娇贵的孩子，到五六岁还没断奶。

二、婚　俗

牛郎官庄的联姻村落主要有南安乐、中庄、辉村、土门、燕崖、大红峪、梭背岭、东庄、石桥、马家河西等。其中南安乐的媳妇最多。在当地还有一个不成文的规定，即辉村的姑娘可以嫁往牛郎官庄，但牛郎官庄的女儿却不能嫁往辉村，村民认为牛郎官庄的女儿嫁到辉村的话对本村女性不利。根据对本村部分村民的调查，可以管窥百年来牛郎官庄的婚俗概况与变迁。

（一）从媒妁之言到自由恋爱

从调查的个案分析，牛郎官庄年龄在 45 岁以上的，大都是经过媒人介

绍认识的。30多岁的夫妻有的是自己认识的，有的是通过媒人介绍的。例如，本村39岁的周钦英、30岁的朱乐花都是经媒人介绍才认识自己对象的。但是现在村里年轻人，尤其是在外面打工、上学的，基本上都是通过自由恋爱结婚的。但是即便是自由恋爱，订婚的时候也要找个媒人。耿桂爱的儿子就是在订婚之前，在南麻找了一个介绍人，才去女方家提亲的。

（二）小定

村里60岁以上的人，基本上都是遵循传统的"媒妁之言"式的婚姻程式，结婚之前大都没有见过对象的面，也没有相过亲。来自辉村的80多岁的韩凤祥老人是家里父母安排结的婚，所以她在婚前一直没有见过自己的新郎，也就没有相亲这一说了。该村62岁的耿桂爱，是在1965年结的婚。当时正处于"文化大革命"期间，凡事讲究新事新办，所以他们没有遵循传统的结婚程式。20世纪80年代末90年代初，相亲的人逐渐多了起来，更加注重看日子，传统的婚姻仪式逐渐又开始恢复起来。

20世纪90年代初，相亲也就是"小定"，几乎就是将婚事定下来。近二三十年，小定又有了一种新说法——"换手绢"。手绢里大多包上20～30元钱。换手绢之前，男方要查黄历，挑好日子，一般都是在农历的双月（二月、四月、六月、八月、十月、十二月）。到了约定的时间，女方的婶子、大娘、姐姐、嫂子等6人或8人（讲究"六六大顺""八八大发"）去男方家坐坐。中午，男方要炒上几个菜让大家喝酒吃饭，还要上酒席去给女方的人敬酒。小定的时候，女方的亲戚去男方家什么都不用带，男方还要给女方买衣服或礼物。那时候的见面礼一般是160元或120元，160元已经算是很多的了。村民朱乐花换手绢的时候是去媒人家换的，只给了200元钱。朱乐花说，现在有钱的人家都是给1000元，自己的弟弟换手绢的时候她娘给了弟媳600元。换手绢的时候要改口，但是没有改口钱。

随着时代的发展，相亲的时候，人们给的钱是越来越多了，说法也越来越多了。但是，无论给多少，仍然是给双数。

（三）订婚

村民韩凤祥是在1949之前结的婚，当时这门亲事的决定权在双方的父母，她本人在出嫁之前，也没有自己的想法，都是父母给她做的主。

耿桂爱订婚的时候婆家给了20元钱、一个盆、一床被面、一对镜子、一对木梳。

朱乐花订婚的时候就认了认门，一切都简化了。由于男方家经济困难，订婚的时候就给了1900元钱，连一件首饰都没给买，自己的父母也没有提出什么要求和不满。订婚的时候，男方准备了两个包袱（是她和丈夫一起赶集买的，里面包了床单、被罩等）。订婚的时候，在女方家里摆了一桌酒席，女的不上席，男方带着自己的叔叔、两个媒人（取意成对，一个是介绍人，一个是熟人）和女方家人认识一下。女方的父母多少给男的点钱，还送给他一身衣服和一双鞋。

现在的年轻人结婚讲究“千里挑一”（1001元）、“万里挑一”（10001元）。订婚的形式越来越多样化，东西也越来越多。令我们感兴趣的是订婚时的钱数。朱乐花一再强调，因为男方家经济困难，与同时期的人相比，她的彩礼比别人少多了。彩礼的多少与个人的经济状况有密切的关系，但是他们也会注意女方父母的态度。

订婚以后，逢年过节（比如清明节、中秋节等）男方都会叫女方去他家过节。在1949年之前，村里并没有这样的习俗；但自20世纪五六十年代至今，村里出现并一直延续着这种风俗。

（四）迎娶

查日子、送日子　除了20世纪70年代，其他时期都要找人查日子。男方家都是找人查好了日子，由男方爹用红布把日子包好，给女方家送过去。韩凤祥的婆家送日子的时候红布里面没有包钱，周钦英的婆家里面包了钱（意为不送空日子），也就是说在20世纪40年代并没有这种做法。结婚的时候一般不选在爷娘月①、公婆月②，还有媒人月③。

女方忙嫁妆、找送客　村民韩凤祥结婚时，由于家里穷，娘家没有准备

① 爷娘是指新娘的父母，爷娘月在当地指女儿不能在父母的生日当月结婚。
② 公婆是指新郎的父母，公婆月在当地指儿子不能在父母的生日当月娶媳妇。
③ 媒人月即通过查日子得知某日犯媒人，在该日的当月避见媒人。

嫁妆，只给了一铺一盖①。耿桂爱的嫁妆就是用婆家给的棉布做了一床被子、一床褥子。周钦英娘家就她一个闺女，所以给的嫁妆要比其他人家给得多，有高低橱、餐桌、写字台、沙发、缝纫机以及五铺五盖，加上婆家给的一铺一盖，凑够了六铺六盖。朱乐花没有具体说到嫁妆有什么，但是从其结婚时用一辆车去拉嫁妆的情况来看，其嫁妆也不少。无论什么时代，女人出嫁都会有多多少少的嫁妆。由于经济的原因嫁妆会有很大的不同，但是娘家给铺盖是近50年来一直没变的习俗。

村民耿桂爱出嫁那天，从自己村里找了两个女孩送的自己。周钦英结婚时，在娘家找自己的叔叔、大爷两个人作为自己的送客。朱乐花结婚的时候是叔和舅送的她，自己没有找送客，与其同时代结婚的人很多人都找送客。从送客的情况来看，牛郎官庄的传统就是由叔、舅送新娘。现如今，许多人找与自己年龄相仿的未婚女子作为自己的伴娘。

迎娶是婚俗里面变化最大的一项。"文化大革命"期间免除了一切繁文缛节，也就无所谓迎娶、看时辰等说法。其他时期人们还是十分讲究迎娶时辰的。依照双方的生辰八字，查好日子，一般都是在上午迎娶。1949年之前，村里流行用轿子迎娶新娘；1949年之后，不再用轿子，改用其他的方式。例如，20世纪70年代，结婚时新娘在新郎的陪伴下走着去婆家，80年代是坐小推车，90年代是坐小轿车。现在迎娶时的交通工具越来越多元化了，有乘坐小轿车的，有坐马车的，也还有坐轿的。用小轿车的时候要用白颜色的车开道，取其明明白白、白头偕老的意思。②

除了迎娶时乘坐的交通工具变化之外，新娘的嫁衣变化也很大。20世纪三四十年代，出嫁那天，新娘头上要盖蒙头红，上身穿四镶云袄，外面披四大瓣的云肩，下身穿裙子，头上戴帽子，穿绿色的鞋子；七八十年代则没有固定的婚衣颜色与样式，干净整洁即可；90年代，新娘穿红袄、红裤子、红皮鞋，还要盘头，婚衣的颜色以红色为主；最近20年，越来越多的年轻人喜欢穿婚纱，但颜色仍以红色为主，只有极少数的人穿白色婚纱。红色仍被认为是吉庆的象征。

过门的时候，讲究新媳妇的脚不能落地，这种习俗保留至今，但方式有

---

① "铺盖"是当地方言，"铺"指褥子，"盖"指被子。

② 耿国芝，女，大洪峪人。访谈时间：2008年4月。

些变化。过去,人们用红毡铺地;现在,新娘由新郎抱进家门。喜宴依各家亲戚多少、经济状况不同而有所不同。但是在牛郎官庄,喜宴都是在家里,少有去酒店办的。“文化大革命”时期是个特例,在这一时期整个婚俗过程都被简化、革命化。

婚后礼仪 当地有结婚后回三、上喜坟、叫六、叫九的习俗,一直沿袭至今。“文化大革命”期间,整个婚俗过程被强制性地简化。但是这个时代过去之后,人们又恢复了以前的习俗。这充分说明了民俗的传承性与稳定性。

特殊婚姻 牛郎官庄有不少上门女婿,俗称“倒插门”。村中的朱、陈、马姓都是倒插门过来的。从前的上门女婿都需要改姓女家的姓氏,现在随着时代的发展、人们思想的进步,入赘的男性都不用改姓了,并且孩子也不再强制跟随妻姓。在村里做鞋的马贵义,就是上门女婿。他一般在春节、正月初三、清明、中秋等节日里回家看望自己的父母,其他时间如果有空,也会经常回去看看。他的婚事是在牛郎官庄办的,结婚的时候是自己的舅舅、大爷送他来的,他的父母不来。现在夫妻二人所生的孩子随他姓。[①]

据孙启文说,村里的养老女婿承担着老人的赡养义务,老人所有的财产都会由养老女婿继承,嫁出去的女儿一般不分财产。养老女婿的户口会迁到女家,成为法定继承人。续家谱时养老女婿没法上家谱,只在出谢帖时,写上养老女婿的名字。养老女婿的孩子不再写姓,只写名字。村上孙家的养老女婿若去世会葬在孙家的墓地里,王家的养老女婿会葬在王家墓地。[②]

村里也有结阴亲的。早逝的孩子的父母在为自己的孩子“娶妻”的时候,场面也很讲究,一切程序和正式的婚礼没有多大区别。

三、分家与养老

牛郎官庄兴分家,家里有一个或两个孩子的结婚后一般都要和父母分开过。孙培杰有两个侄子,都是结婚一年就分家了。分家时一般是由男性的舅舅或者叔伯长辈出面主持分家,女性的娘家人一般不参与出嫁女儿的分家事宜。分家时并不是平均分配,而是由父母做主。例如,40 多年前孙培

① 马贵义,男,牛郎官庄人。访谈时间:2006 年 3 月。
② 孙启文,男,牛郎官庄人。访谈时间:2008 年 4 月。

杰婚后分家时，他们仅分了两间屋子、一个大锅、几只碗、几个盆、几双筷子、一瓢粮食且大部分是地瓜干。

由于父母和先后长大的孩子不断分家，因此整个分家的过程持续的时间比较长，于是先分家的孩子和后分家的孩子在分家过程中会出现分家不公的现象。在这种情况下，便会产生矛盾。

村民孙启长叙说了他分家的过程：

> 1962 年，我结婚半年后便从家里分了出来。分家的时候，舅舅来了，叔叔孙振岳、大爷孙振鼎也来了。叔叔、大爷和舅舅来了后也就是看着，在一起吃顿饭，别的也不会起到什么作用。一般就是大家一起商量把地和粮食分开，给分家出去的孩子一点。有些家庭找舅舅来是怕分家产生纠纷甚至打起来，毕竟舅舅最亲，他有权威。
>
> 家里当时挺困难的，还有几个没成年的弟弟、妹妹，我分出来以后就负责照料年迈的爷爷、奶奶，干活的时候有一部分工分要拨给他们。因为要按照工分分粮食，实际上我是代替了我父亲的养老义务。家里的妇女们帮着爷爷、奶奶推磨、推碾。我家就是这样安排养老的。其他家庭的老人，若是自己有能力做饭，就自己做；若是没能力自己做饭，就由孩子们给做饭吃或者送饭吃。1981 年后，若是独子，就自己负担养老；若是两个儿子以上，就给父母粮食，帮助种地；若是父母不能动弹就轮流伺候。
>
> 当时我父母也没有办法，弟弟、妹妹还太小也不能干活，就分给我们两口子两间小西屋，大概有 7 个平方米；再就是给了我们 50 斤玉米，不到 40 斤地瓜干；还给我们俩大白碗、一个柜子、一张桌子。当时分家出来，真是既没得吃，也没得烧。当时我当着生产队长。1980 年以前生活都很艰难。直到 1981 年大家分了地，日子才好过一点了。后来弟弟们也是一结婚就分了出去，后来分出去的比先分出去的条件好很多。这也没什么好抱怨的，父母也不用补偿，依着补偿就没完了。爷爷、奶奶死后，长孙要多分一份家产，这是老规矩。①

孙启长这种情况在本村属于理解父母难处的。村里也有一些人家由于

① 孙启长，男，牛郎官庄人。访谈时间：2008 年 4 月。

分家不均而出现纠纷，甚至很多年不登父母家门。

村民孙兆胜也是结婚后就分家出来单过了。当时父母给了他一间很小的房屋、5 公斤麦子、3 双筷子、2 个碗。他的一个嫂子挺好，还给他抱来一个火炉子。当时亏媳妇的娘家经常照顾着他家，给摊点煎饼送来。孙兆胜当时在沂源师范教书，一个月 9 公斤口粮，根本就不可能养活家里的人。他说：

> 分家的时候，来了几个公证人，有长辈孙振知、老大哥孙培基，这些人来了给定定盘子，当时也就是一纸协议，现在这个分单早就没了。

分单写好了，就是法定的。当时的家产是这么分的：孙兆胜和二哥拿钱给父母，另外两个兄弟给父母干活，这样来养老。三间大北屋父母住着，当时孙兆胜分到的是东屋。家里还有新起的未完工的房屋，想第二年盖起来然后重新分配，可是没能力盖了。

分单主要说分到什么、什么地方的什么财产，中间人以及参与人。父亲和儿子都要按手印。若是分家出现什么纠纷，村里调解；若是还解决不了的话，就找本家族商量，一般都得服从。[①]

分单

房产五份树木五棵土地五块家具十样以上财产除家具每人两样其余各分一样另外父母有房三间待父母逝后再行作价处理分单各持一份妥善保存

二零零八年二月

主分人舅父 大伯 等(签字)

家长 儿子们(签字)

牛郎官庄的家庭生女孩的特别多，因此入赘后的女婿也存在和岳父母分家的事情。一般情况是老人会分给他们一些家具、锅、碗、瓢、盆等东西。分家时需找一个自家亲戚做见证人，分家以后养老女婿也会给老人干活。老人去世时，一般由养老女婿负责送终。

出嫁的女儿在牛郎官庄被认为是“亲戚”，对自己的父母没有养老的责任与义务。在传统社会中，她们连回娘家都是有数的一年几次。当地风俗

---

① 孙兆胜，男，牛郎官庄人。访谈时间：2008 年 4 月。

是，女儿过了年初二家里送了家堂之后才能回娘家拜年；农村里过了麦[①]，农历的五六月份才能回娘家。以前，村里有一些不能回娘家的规定，比如春节不能在娘家过春节，说会穷了娘家；农历七月十五的时候也不能回娘家，嫁出去的女儿不能见娘家的家堂，清明的时候也不能回，但是没有七月十五严格；在父母去世之后，三年之内女儿要去上坟，满九年的时候也要去，以后就再也不用去了。

在传统社会中，牛郎官庄的老人一般需要依靠长子养老，因此长房在日后的分家析产中都要多得一份财产。1981年以后，养老模式发生变化，分家后，对老人的赡养一般是兄弟间相互分摊。本村养老方式大体上主要有三种：一是儿子养老。老人年岁大了以后，有屋的就自己住，钱粮由儿子均摊。如果老人行动不便，没有生活能力，就到儿子家里轮流住。比如耿贵爱，在自己的院子里住，四个儿子每月供给生活费。孙兆中家弟兄五个，每年给老人50多公斤麦子，50多公斤棒槌。二是女儿和女婿养老。一般家里只有女儿的人家会招一个上门女婿，女婿住在妻子村里，和妻子一起照顾岳父母的生活。三是老人自己有收入，能够自己生活，比如村里的几位退休教师和退休工人，每月都有几百元的退休金。父母生病时，一般由子女们凑钱为父母治病。儿子平均摊钱，女儿根据自己的情况负担一些。

四、葬　礼

人在自己的哭声中开始自己的一生，又在别人的哭声中结束自己的一生。人生旅途终点来临时，由亲属、邻里、好友等为其举行哀悼、纪念、评价的仪式，同时也是殓殡祭奠的仪式，这就是人生命结束的丧葬礼。丧葬仪礼是人生最后一项“通过仪礼”，也是最后一项“脱离仪式”。

当地称老人去世为某某老人家“老了”，称年轻一些的人去世则为“病故了”“走了”。人死了，要先去土地爷那儿报到，以前的土地庙就在村子东头，都上那里泼汤。现在土地庙没有了，一般都随便找个地方，比如河滩，在那里放个桌子，写个“本村土地”牌位，然后泼汤。去世的人年龄越大泼汤的次

① 当地方言，即收割麦子。

数就越多，一、三、五、七次不等（一般是单数，最多七次）。

牛郎官庄的墓（局部）

人死之后，尸体的停放也有讲究。按照当地农家住房习惯，一般是正屋（北屋）二梁三间（也有的为两间），卧室或东或西，冲门口的正中一间待客兼作吃饭用，称作“明间”。人在咽气前就要赶紧抬放到预先准备好的灵床上；如果人在卧室死了，就叫“隔梁断气”，灵魂出不了屋，以后对家里人不好，所以就要招魂。

招魂就是找一只活公鸡，再请一位有经验的人（可能是巫师），此人嘴里念念有词，由卧室把公鸡从梁上扔到外屋（明间）。当地一般在老人60岁以后就要为其准备好寿衣，做寿衣的钱由子女平摊。人快咽气时由年长的亲戚或邻里给他（她）穿寿衣，咽气前一定要穿好，要不然尸体僵硬后穿戴就很困难了。有一种说法是人去世前如果不能及时穿上衣服，到了阴间就是赤身露体的。给亡人穿衣服一般是先穿短衣，后穿长衣，之后再穿单衣、棉衣。穿好寿衣后，尸身一般停放在外屋，头朝西，脚朝东。

父母去世后，子女不出门，一般由亲戚出门报丧；报丧的人必须是本家族的人。报丧人直接去报丧，不用拿任何东西；主要的亲戚都要通知到，比如闺女家、媳妇娘家、姐妹家，等等。其他的关系疏远的，能办得起的就大报

丧,侄媳妇她娘家、侄女的婆婆家都报。办不起的,报丧的时候就只通知主要亲戚。报丧的人可以进门,可以吃饭,也可以不吃就回去。

当地的孝服一般是在衣领后缝一条白布条,袖口缝一圈白布条(男左女右),孝子在后背上下各缝一条白布条,女子还要在裤腿缝一圈白布条。现在当地穿戴孝服受城里影响,简单多了,儿子、女儿穿白大褂。一般儿子头系长五尺的白布条;女儿戴白孝帽,一般由五尺白布做成;孙子的孝帽由一块白方布缝制而成;儿媳现在一般不戴孝帽,部分儿媳怕别人笑话自己没眼泪,为了遮脸,也会戴。

按照当地习俗,人如果在早晨6点以前去世,就要在当天火化埋葬;6点以后去世的话,由于准备不足,报丧来不及,就要等到第二天火化入葬。牛郎官庄村在二三十年以前,实行的是土葬的方式;近二三十年以来,丧葬习俗发生了变化:先火化,再土葬(讲究深埋)。火化完之后,亡人的儿子或亲侄子拿着骨灰盒坐车去墓地;在去墓地的半路上(燕崖镇政府附近),扔掉骨灰盒(说是不能有两层棺木),用包骨灰盒的红布包着骨灰到墓地;到了墓地之后,亲友把骨灰撒入准备好的棺木中,并撒成人仰卧的形状,然后盖上棺盖,在上面撒上麦麸,儿女、媳妇、孙子还要带一些麦麸回家;盖好棺盖后,再在墓室上面盖上水泥盖板,一般为五块或七块;盖上水泥盖板后,由儿子或亲侄子拿锹跪在墓旁,背向墓地,象征性地往墓穴上铲三锹土,这叫"一锹高一锹,辈辈出高官"。接着由亲朋好友不断铲土(有一种说法是子女不能掩埋亲人),堆成一个圆锥形。子女两天后要给去世的父母圆坟,在坟头上撒上菜籽等,表示亡人在此安家了。

马家河西的林子是村里孙姓人家的老林,过去东西庄去世的人都埋在那里。现在西庄姓孙的人家有了本家族的墓地,已经不去马家河西的林子了。儿子为父母看坟选地,看好了,就在那地方挖两锹,然后由帮忙的亲朋好友挖坟地,这是当地的习俗。如果要提前修墓,就要找一只公鸡,放在已选好的墓地旁边,日子必须是闰月年的一天。墓室一头大,一头小,一般是北大南小,坐北朝南。墓室挖好后,四壁用砖砌起来,抹上水泥或石灰,画上各种花草;墓室四壁也有用瓷砖砌的,个别的有用大理石装饰的。当地有用梧桐木做棺材的习俗,当然,有条件的人家喜欢用柏木。做棺材时不能用整块木板做,也不能用胶粘。根据年龄的不同,棺材刷漆的颜色有所不同,年

轻人的棺材被漆成土红色，上了年纪的是黑色；一般老人去世在棺材两边的堵头写“寿”字，年轻人写“福”字，现在也有不写的。

牛郎官庄的墓穴

在当地，家有老人去世举行丧礼时，一般根据自家的条件请乐师，乐师最低一人一天 30 块钱，来吊孝的人大部分随礼 5～10 块钱，至亲好友随 100～1000 块钱不等。女儿的公婆去世了，家里拿钱要多一些，一般要 20 多块钱；近支拿的就少，多少不计，一般都 3 块来钱，这叫“人情钱”。一般是知客带着吹鼓手出外迎接前来吊孝的客人。酒席一般吃的是大锅菜(主要是限于条件)，有四五个菜品。祭祀亡人的东西叫“茶奠”，买了以后不能往家拿，只能放在外边，拿到家里不吉利。

第四章
好神坏神，护宅平安

民间信仰在牛郎官庄具有广泛的信众基础，村民在实际生活中只要遇到困难，便会习惯性地诉求于民间信仰仪式的实施，并坚信仪式的灵验度。尽管村民们不解其中奥秘，但仍然将信仰内化为一种道德伦理，祖祖辈辈传承至今。因此，敬神拜神、赶会逛庙一直是牛郎官庄村人最重要的精神活动之一。牛郎官庄村信仰活动纷繁复杂，信仰对象也林林总总，各有说法。

一、神　灵

（一）家内神灵

三月三祭家仙　在牛郎官庄，很多村民家里供奉着家仙。只要是宅子有人住，就有家仙。它们不是天上的神仙，是看家护院的家神。在村民的心中，家仙是保护一家人平安的神灵。“农村兴家仙看宅子，保佑大人小孩都好好的。”家仙平时在家里就被供着，家家都在堂屋的西北角留出一小块空地来，贴上家仙的神位，神位前摆着供品。在每年的三月三、六月六、九月九要烧纸摆供品祭拜，古语说“三月三，敬家仙”。通常祭拜要烧三炉香，搁黄钱，还要有饼干、包子等供养；遇到生病或有事还要特别祭拜。

家仙神位

天爷爷 玉皇大帝在当地被亲切地称呼为“老天爷”,它是当地民众心目中最重要的神灵之一。过年过节要敬老天爷,平时并没有专门供奉的牌位。其主要的祭祀时间是除夕至大年初一。从除夕那天开始,各家在屋外摆桌、扎天地棚,桌上摆上香炉子和供养的祭品,并且不间断烧香,一直持续到第二天早上。

当遇到干旱时,村里曾有求雨仪式,求雨的对象就是玉皇大帝。由村里上年纪的人领头,每家派一个女性为代表,挑个日子举行祈雨仪式。祈雨仪式一般是自己村单独进行,并不与其他的村合祭。

大贤山山巅有玉皇顶,每年正月十五和十月十五举行庙会。当地民众于此日会去玉皇顶祭拜玉皇大帝。以前,三月三或其他时间的庙会,很多香客也是先到玉皇顶祭拜玉皇,之后盘山而下再祭祀其他神灵。当地香客演唱的佛曲中多有关涉玉皇的,例如:

> 这棵竹子竹叶青,老母栽在善人的一宅中。青枝青叶长起来,遮着善人不生灾。大枝遮起这儿和女,小枝遮起亲友来。亲戚朋友遮个全,遮着老年和少年。这叫老母保起来,我把金灯捧起来。手捧金灯往上照,照着玉皇老爷的皇宫台。玉皇老爷心欢喜,玉皇老爷发了签。玉皇不搭救水搭救,搭救弟子俺安然又无恙,福禄又双全,好佛五百里,福寿一万年。

王母信仰 王母是当地民众重要的信仰对象之一,他们将身体健康与王母娘娘紧密地联系起来,认为拜王母可以求得身体健康。当地有佛歌如下:

王母娘娘有灵验，老君炉里炼仙丹。感动老少来拜佛，王母面前求仙丹。俺在王母庙前边，搭救病灾千千万。善男善女来求药，真心求了仙药来。病人吃药保安全，身体健康寿百年。

王母娘娘塑像

每年大贤山织女洞三月三庙会被认为是给王母娘娘过生日而举行的聚会。在当地民众的观念中，王母娘娘是玉皇的妻子，她有个法宝叫“柳叶针”。织女被打到天牢里以后王母很后悔，就跟着织女下凡来到织女洞，在那里呵护着她，织女也有母亲可以依靠。

观音老母 牛郎官庄的女性香社组织老母会于农历每月初九当会，其中主要的祭拜对象就有救苦观音。民众歌颂赞美观音老母丰功伟绩的佛歌有很多。例如，有佛歌唱道：

观音老母下江南，不走旱路光行船。大风刮了海水去，小风刮到海南边。海南边上开药铺，药铺门前挂药单。俺来包你十副（应为“服”，原文如此）药，问问药味全不全。俺祖祖辈辈开药铺，哪副药来都怪全。俺上后楼查药单，一副包上老来少，二副包上护心宽，三副包上家不散，四副包上顺气丸，五副包上甜又蜜，六副包上蜜又甜，七副包上苦黄被，八副包上苦黄连，九副包上结仙果，十副包上扎根连。什么是那老来少，爷爷坐官老来少。什么是那护心宽，奶奶行好护心宽。什么是那家不散，弟兄们好了家不散。什么是那顺气丸，妯娌们好了顺气丸。什么是那甜又蜜，娘想闺女甜又蜜。什么是那蜜又甜，闺女想娘蜜又甜。什么是那苦黄被，光棍无儿苦黄被。什么是那苦黄连，寡妇无儿苦黄连。什么是那结仙果，找了个媳妇结仙果。什么是那扎根连，生了个孙子扎根连。本来俺不是包药的，俺上你家为神仙。

但是在当地民众的心目中，观音不如王母的本事大，所以有“观音不如王母大”的俗语。

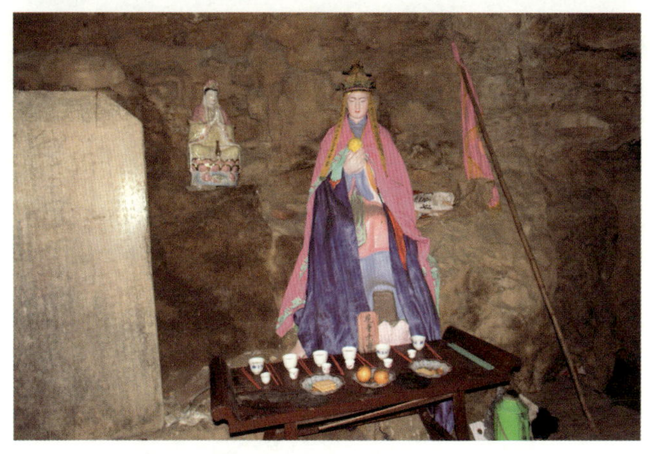

织女洞内的观音老母塑像

泰山老母 在当地民众的观念中，泰山老母即泰山奶奶是很大的神，是管着人们在世上平平安安，办事的时候顺顺利利。泰山老母、无生老母、观音老母、空中老母和地堂老母是姊妹五个，王母娘娘没有泰山老母的官大，管事情没有泰山老母多。[①] 在大贤山织女洞里，原先也有泰山老母的塑像，2008年前后被拆掉了。在当地香客中，有些人认为“老母”即是泰山老母，有的则把所有的女性神灵统称为“老母”，很多人对她们的具体身份并不十分清楚。牛郎官庄的信众中有一段关于“老母”的歌谣：

本月初九一更晨，老母店里开了门。众位会友都来全，捧着双手到佛前。一问老母你可好，二问童子花家你可安。既然来了老母店，磕头施礼是当然。老母早就嘱咐咱，嘴也紧来口也严。既然进了老母会，穷人富人都一般。一颗好心惊动天，有灾有难都搭救。免灾免难保平安，俺有真心到佛前。俺是佛家的真弟子，跪佛前，口求全，佛保平安。不论钱粮多和少，保得世界的太平，保得五谷杂粮收了个全，保得人民无灾难，家家户户都平安。叫声会友你记住，老母的经卷咱学全。要是百年回宫去，老母和咱对真言。老母的真言咱对上，这才带俺高山去修炼。

① 苗永香，女，牛郎官庄人。访谈时间：2008年4月。

2008 年前织女洞内的泰山老母塑像

2008 年后的织女洞内的泰山奶奶神位

灶王爷 牛郎官庄家家户户都敬灶王爷，他们认为灶王爷就是“八仙”中的张果老，是一家之主。村民将灶王爷供奉在灶的上方，在支锅子的墙上贴一张灶王爷画像就算是他的神位。村民在腊月二十三把灶王爷发了（也就是把画像烧了），然后买张新的画像贴上。本村贴的灶王爷像，几乎都是从潍坊杨家埠贩来的，价格在 5 毛到 3 块不等。有的村民家里，在灶王爷像旁边贴着对联，横批写“一家之主”，两边是“一夜连双岁，五更分二年”。有的在灶王爷旁边贴着牛郎织女的像。上门女婿马贵义说，小年那天，他从集上买来黄表纸、香、糖瓜、水果和糖块，在晚饭前由他的妻子主祭，点上香，摆上买来的供品、烧纸，打发灶王上天。村民马贵义还说，给灶王爷买些味甜的供品，好让他嘴甜，上天到玉皇那里说好话。上完供后，给灶王爷的供品就分给大人孩子吃掉。“女不祭灶”的惯例在此地没有体现。

灶王爷神位

财神 村民普遍认为，财神有文、武之分：文财神是赵公明，武财神是关羽，一般在春节时祭拜。村民孙照太说，请财神时要念叨：“新的一年，让我过得更好，挣钱更多……”但有部分孙姓村民认为，可以敬财神，但不能拜关羽，因为关羽是姓孙的先人——孙权的手下败将，因此村里也没有关爷庙。财神与泰山老母、送子观音一样，初一、十五时祭拜就可以不用每天都上香。

织女洞内的财神

神三鬼四　当地俗语有"神三鬼四"之说，意即供奉神家时不管是什么神，供品都要三碗，给鬼的供品是两碗或是四碗。本村有很多村民认为，人死后变成鬼。孙照太认为，世上有幽灵，时间长了以后，随着风吹、雨打、日晒等，他们就不存在了。以前生产队里耕地时就没有鬼，因为鬼最怕耕地时打牛的鞭子声。据说以前有鬼魂可以附在人身上说话，那些八字软的、身体弱的容易被附身，身体壮的就没事，人见了鬼就会精神失常。

敬奉神鬼的供品

(二)家外神灵

送生娘娘　在当地民众的观念中，婚后生子是天经地义的事情，一旦婚后无子，便要带上酒、黄表纸和叠好的金银元宝到大贤山无生殿求子。求子没有严格的时间限制，只要有需求就可进山求子，但每年农历的四月初八是当地比较集中的求子时间。有歌谣可以为证：

> 四月里是四月八，送生娘娘到俺家。白胖的娃娃送给了俺，长命百岁把根扎。

当地虽有浓重的织女信仰，但当地人认为织女是主管婚姻的，没有送子功能。

无生殿内的无生老母和无生老爷

织女 织女洞里的织女是当地民众信仰世界中很重要的神灵之一。七月七是织女的香火会，但“七仙女”在民众的观念中的神职却不甚明了。有的人认为织女有主管婚姻的功能，但也有人否认这个说法。当地人有这样的传说：

> 织女是王母娘娘最小的闺女，来凡间洗澡的时候，牛郎拿走了织女穿的那件红色的衣服。这样，姐姐们都上天了，织女只好留下来。以后与牛郎有了两个孩子，牛郎种地，织女织布，过着幸福的日子。牛郎本姓孙，现在的牛郎官庄的孙姓人家都是牛郎的后代，之所以叫牛郎，就是因为他是一个放牛的。七月七纯粹是为了纪念牛郎和织女两个人见面而设的，因为王母娘娘知道牛郎织女的事后，把织女弄到天上去了，牛郎去追，王母用柳叶针划了一道天河，就把牛郎织女隔开来，拆散了，只是在每年农历的七月初七，会有喜鹊在天河上架起桥梁，让牛郎和织女得以相见。

这就是传说中的“鹊桥相会”。

织女洞内的织女塑像

牛郎 牛郎的神像主要供奉在村西的牛郎庙，它是织女洞的伴生物，其修建年代要远远晚于织女洞。在当地，牛郎的身份被具体化，他姓孙，名守义，有村民认为他是本村孙氏家族的祖先。但更多的村民反对此说法，认为牛郎是传说人物，和自己家族从淄博孙家大庄迁居此地毫无关系。当地民众在每年的正月初二、正月十五、七月七和十月十五祭拜牛郎。

牛郎庙内的牛郎塑像

牛郎庙内的老牛塑像

山神爷 当地人认为，各种野兽都归山神爷管，所以放牛羊的人在农历六月六这天要带上供品上山神庙里去祈求山神爷，求他管好猛兽，不要让它们出来吃牛羊。据孙启荣说，原先的山神庙被破坏了，现在在南边的山坳里新建了一个山神庙，庙里供的是风老婆子、霹雳将军、雷公和闪打娘子。

二、祖先崇拜

（一）祖灵观念

村民认为，人死后成鬼，平民百姓是不会成神的。只有民族英雄、有名气的人才能成神，比如姜子牙。一般的鬼不仅不会保护人，还有时会害人，能附到人身上。但是祖宗会保护自己的后代，不会害人，有时还会显灵。人如果病得太严重，就可以见着那边的人。这说明在当地民众的观念中，不仅对神、鬼和祖先有着明确的区分，而且这些祖灵是内外有别的。同样是人死后成鬼，如果是自己的祖先就会庇佑子孙，体现了“祖先崇拜”；如若不是自己的祖先，就会变成害人的恶鬼。

（二）祖先祭拜

据2005年孙即田修撰的孙氏家族《续修支谱序》记载：

吾般阳（今淄川）孙氏族太始祖为子玉，乃河北枣强县人，于元朝至正年间（1341～1368）迁居章丘蕃六庄。公生伯安、伯善二祖，伯安祖居章丘，伯善生六子，其献、默二祖于明洪武四年（1371年）迁淄邑岂山、孙家大庄一带……至今已逾六百三十余载，子孙无匮焉，成为般阳之望族。

据地名资料记载，明初孙氏迁出淄川时，取村名“孙家庄”，永乐年间，该村孙氏一支迁居村东北一里处立村，因人口较少，定村名为“小孙家庄”。村内有孙家墓地，占地50余亩，墓地中有一株树龄达600年的苦槐树，树围1.2米，据说是始祖迁来时种下的，这成为本村一大景观。根据这些资料，可以清楚地看到元朝时孙氏是由山西迁至章丘的，明初又由章丘迁至淄川，明末孙氏的一支再迁至牛郎官庄。①

牛郎官庄的孙氏家族从清朝中叶不断发展壮大，逐渐成为远近闻名的望族，至今已繁衍20世。孙氏对自己祖先有明晰的记忆，但这些记忆从明末由淄川外迁开始。《孙氏族谱》中记载，孙氏始祖“约在前明末叶由淄川孙家大庄迁沂水西北乡安乐社高厂庄再迁牛郎官庄定居”。在民众的记忆中，其始祖叫孙相，是一位做小买卖的生意人，更有甚者认为祖先是乞讨要饭来到这里的。总之，当地民众的记忆中，并没有英雄的祖先，也没有值得炫耀的家族历史。孙氏至七世方逐渐发展，有入郡庠为诸生者，至十一世有文武生员10余人，但此时遭受土匪暴乱，纵使孙氏不断发展，也难免不受到外来土匪的袭击，其“培植之艰，维系支撑之苦”可以想见。孙氏和大多数的北方宗族一样，虽在1931年编有家谱，但并没有修建家庙，孙氏对于祖先也无祠祭传统。他们在年初一集体祭拜祖先。吃过早饭后，整个家族的男丁就去给老祖宗拜年。2008年，在当地政府的支持下，原先塌毁的牛郎庙被重新翻修，庙内的东廊房被辟为“孙氏祠堂”，屋内悬挂孙氏家堂，至此孙氏家族才有了祭拜祖先的空间。

① 参见叶涛、苏星主编：《中国牛郎织女传说·沂源卷》，第162～163页。

孙氏家族的家堂

牛郎官庄的先人由于世系久远，因此有白杨林、前松林、后松林和马家河西 4 处林地。原先的前松林、后松林和马家河西林因为各种原因都不再使用，现在孙氏族人主要的林地是白杨林。牛郎官庄的村民在每年大年三十、寒食、七月十五、冬至日上坟。刚刚去世的人到三七、五七时也要上坟。与其他地方不同的是，十月初一及清明当天，当地没有上坟的习俗。老人忌日的时候也上坟，只要家里人还记得忌日，不管哪个祖先的忌日都上坟。事实上，顶多往上记到三四代祖先的忌日。若是孩子结婚，考上大学，或者碰到儿女在外边做官、升迁这样的喜事，就要上喜坟。上坟也不复杂，一般本家族的人轧伙着，人齐了就一起去。有时候跟外家族的人也会凑到一起，但到了坟地还是自己上自己那一支子坟，也就是自己的家族负责给自己的老爷爷、老奶奶以及爷爷、奶奶、父母上坟。更老的祖先的坟一般都找不到了；若是知道是谁的坟，也会给他烧纸。

清明节前一天是寒食节，在当地两个节是连在一起过的。寒食那天上坟，清明插柳、游玩。清明那天，按当地习俗，出嫁的女儿要回娘家，但是回娘家的闺女并不上坟。在当地，父母去世后，出嫁的女儿要连上三年坟，然后在十周年时再上一次坟，其他的时间就不给父母上坟了。一百五那天(即

冬至后 105 天)要给亲人的坟头添土、压坟头纸。第二天寒食节时上坟,供品有酒,有 2 个或 4 个菜(肉、鸡蛋、鱼、豆腐都行),再烧纸,给祖先磕头。虽说清明前后 10 天内上坟都行,但是当地人一般不会选择清明节上坟,通常是在寒食节这天上坟。

冬至的习俗是上坟、吃水饺。这天吃不吃羊肉要根据各家的生活条件,条件好的可能要吃羊肉或别的更好的东西,条件差的可能就吃得差点。但是冬至的节令食品是水饺,这一天各家都会包水饺。上坟的时候,水饺也是给祖先的"供养"。

孙氏家族的家祭祖先是以堂支为单位的。他们请家堂的时间一般是年三十和七月十五。年三十是除夕,而七月十五是鬼节。年三十下午请家堂,先去墓地放鞭炮,点上香,烧上纸,把家里的"老头子"请到该支年纪比较大的一个长者家里。请到家后,要在堂屋正中摆上桌子,堂屋北墙上挂堂轴,桌子上放折子,供品由本支的各家提供,多少不限,也没有种类要求。条件好的放整鸡、整鱼、肘子、炸货,还有水果糖、精致的点心。水果除了苹果外,近些年有条件的还要供些南方水果,比如橘子、金桔、香蕉等。初一下午送家堂,现在媳妇和没出嫁的女儿也都能参加,不过一般是男性去得多,女性去得少。七月十五请家堂时的程序与过年时基本一样,十五下午请来,十六下午送走。

三、祈福与禁忌

为了祈求平安、健康和财运,人们除了在特定的时间和地点供奉祭祀特定的神灵之外,日常生活中也时时不忘通过语言或其他媒介来保佑自己。

在一家小的粮食加工作坊内,我们看到,加工机器上贴着几个特别的字,"全"和"酉"组成一个字,取"全有"之意;"豆"和"酉"组成一个字,取"都有"之意;"招、财、进、宝"组成一个字,取"招财进宝"之意。

在牛郎官庄,几乎每家大门正对面的墙上,都贴有"出门见喜"的红纸。很多人家的影壁墙上都写着"福",或画着松鹤、鱼、莲花、竹、梅、山水等风景图,以求家庭幸福美满。本村的院内不种桃树,一般种杏树、梧桐树(引凤凰)、杨树。当地俗信桃树辟邪,栽了桃树后祖先就不能回家了。院子讲究方正,不能是奇形怪状的,否则对家人不利。村民孙照福的老伴长年有病,

两个儿子一个去世了，一个30多岁了还没娶上媳妇。他认为，之所以家里这么不顺，是因为院子不方正——西墙往里移了一个窗户的距离。

本村的房子一般都是自建屋，盖屋对于农村人来说是人生大事，本村人对修房盖屋都特别重视，因此有特别严格的仪式：首先是选择吉日，放鞭炮，宣告动土。其次是装门窗，在门上贴对联，上下联一般是“昨日太公从此过，言讲今日安门好”，横批“安门大吉”；窗上只贴“安窗大吉”。装好门窗之后，就是盖屋最重要的环节——上梁。上梁日要重新择取吉日，拜姜子牙，在院中摆供桌，烧黄表纸，上香，放鞭炮，也要贴对联。对联有：“东方旭卜定良辰，姜太公选好吉日”“今日上梁好，上梁逢黄道”“上梁正逢黄道日，立柱喜遇紫微星”，横批都是“上梁大吉”。上梁时不唱歌谣，翻盖的房子上梁时不贴对联。最后在梁上写“公元某年某月某日吉建”，例如“中华人民共和国公元一九九七年正月二十八日 吉建”；中间用红布条绑上一双筷子、一本黄历（日历）、铜钱（或硬币），梁柱上写“上梁大吉”。

牛郎官庄房屋的梁

以前多选用榆木做大梁，寓意“余粮”，现在用什么木头的都有了。但一般不用槐木，因为“坏木”不能当梁。也没有用桑木做梁的，不吉利，而且这种树也不成材。

在日常生活中，为了驱邪避灾，还有很多禁忌。如果有人看望了在月子里的妇女，就不能去庙里，不能动香纸，因为生了孩子的人不干净。凡是吃

了牛肉、狗肉等各种荤腥的人也都不能去庙里，否则就会难受。

本村通婚有一个禁忌，就是辉村和河东马家河的姑娘不往牛郎官庄村嫁，而牛郎官庄村的姑娘可以嫁到这两个村。当我们询问原因时，村民只是说这样做不好。当我们追问是对男方不好还是对女方不好时，村民都说是对牛郎官庄村的女方不好。

第五章 天上银河，地下沂河

蜿蜒流淌的沂河水，郁郁葱葱的大贤山，层层叠叠的山坡地……作为典型的鲁中山村，牛郎官庄以前的生活环境较为封闭。传统社会中，村民年复一年地守着几亩薄地劳作，春种夏长，秋收冬藏。闲暇时，人们常常三三两两聚在一起拉呱、唱佛、讲故事，这些故事传说、说唱小戏都离不开大贤山、沂河水、织女洞……赶庙会的时候还会请外地的戏班子来唱大戏。村民的自娱自乐，为平淡而朴实的山村生活增添了不少韵味。

新修牛郎庙的指示牌

一、孙牛郎

牛郎官庄作为地处深山的偏僻乡村，在2006年之前一直是默默无闻的，不为外人所知。2006年之后逐渐走出鲁中甚至山东，成为全国闻名的小山村。它之所以引起外界的瞩目，是因为其宣称的本村孙氏家族与传说人物牛郎有关。村民认为，牛郎就是牛郎官庄人，牛郎官庄就是因牛郎而建村的。大部分村民认为牛郎姓孙，是牛郎官庄的第一代村民。在笔者2006年的调查中，牛郎官庄村民只承认和牛郎的地缘关系，很少有人认为牛郎是自己的祖先。正如村民孙振增所言："不知道是祖先，还是一姓，讲不通。"[①] 2008年之后，认为牛郎是孙氏家族祖先的人数日渐增多，民众口头讲述的关于孙牛郎的故事也越来越多。

笔者于2006～2008年数次到牛郎官庄乃至燕崖镇进行传说搜集整理，访谈人数近百人，记录且整理出完整的牛郎织女故事21则。根据访谈人与整理出的传说文本，本村的村落文化呈现出明显的地域特色。其中讲述者的性别、年龄、居住地点、受教育程度等都直接影响着传说的叙事风格、艺术与技巧。

这21则牛郎织女传说有3则来自于当地文史资料汇编，这些传说是20世纪80年代由当地文史工作者搜集整理并改写的。此摘录一则传说如下：

> 牛郎与织女的故事传遍天下，家喻户晓。发生在哪里，却几乎无人知道。原来发生在今山东省沂源县燕崖乡。
>
> 织女生在天宫十分寂寞，且法度森严，不得自由，特别是没有婚姻自由，一切都要服从玉帝与王母。天蓬元帅因生性风流，贪图美色，犯了天条，被王母娘娘发现，奏明玉帝，贬下天庭，正好落到高老庄一个猪圈里，托生成了猪八戒，长得丑陋无比，这是惩罚。后来保唐僧西天取经，还是花心不改，常常因此闹出点麻烦。
>
> 玉帝贬了天蓬元帅，又新换上一位。不料这一任仍是多情，看上了玉帝的七女儿。七女长得最俊俏、最聪慧，终日织云锦，因此叫"织女"。

---

① 郭俊红：《牛郎织女传说的地方叙事研究——以山东省沂源县牛郎官庄为例》，山东大学民俗学硕士学位论文，2005年，第22页。

织女见天蓬元帅长得好，人又忠厚，开始两人眉来眼去，后来就寻机在一起了。可是没有不透风的墙，时间一长，又被王母发现。王母大怒，急忙奏明圣上。玉帝又把天蓬元帅贬下天庭，叫他到人间受苦。正好落到一姓孙的牛栏里，托生了个放牛小子，大名叫孙守义，人称“牛郎”。

孙守义从小父母双亡，跟哥嫂过日子，受尽了人间之苦。嫂子虐待他，不给吃饱，还时常打骂。哥哥孙守仁惧内，也不敢过问。守义才四五岁，就被逼上山割草，因不会割，常把手割破，鲜血直流。嫂子不但不管，还骂他：“吃瞎了饭，无用的东西！”后又让他放牛。守义为躲避嫂子打骂，吃了饭就赶快牵着牛离开家。他过了河，把牛放饱了，又喝足了水，就到半山腰间一避风处歇息，天天如此。从此，此处叫“东牛栏”，就在现今织女洞东二里处。村里人都叫孙守义“牛郎”，他的大名人们几乎都忘了。

牛郎与老牛好像是同病相怜。到了耕地季节，哥哥使牛耕地，嫂子嫌牛耕得慢，叫哥哥狠狠打牛，把牛打得“哞哞”直叫。牛郎可怜老牛，偷偷掉泪。到了夜晚，牛郎抱来好草，但没有料。牛郎就把嫂子给自己的饭偷偷留下，拌在牛草里给牛吃。老牛看见了，感动地流下两行热泪。牛郎看着老牛吃饱了、喝足了，就偎依在老牛身上慢慢睡去。特别是到了冬天，牛郎衣服单薄，牛棚不挡风雪，晚上牛郎就和老牛互相偎依取暖，相依为命！

过了一年又一年，老牛拉不动犁了。一天夜里，牛郎偎依着老牛做了一个梦。老牛对他说：“我快死了。我死后，你把我的皮和角藏到东牛栏东边的石缝里，把我的身子深深埋在东牛栏，你要守我100天。以后你遇难时，在我坟前烧上一炷香，我就会救你……”这时，牛郎忽然醒过来，已是泪流满面。再看老牛，已经断气了！牛郎大哭不止。到天明，牛郎请乡亲们帮忙，按照老牛梦中的嘱托为老牛办理了后事。随后，牛郎为老牛守坟100天。

老牛死后，牛郎思念老牛，成天默默无语。嫂子见状，更生气了，恨不得马上把牛郎赶出家门！

自从天蓬元帅被贬离开天庭，王母派人把织女看管起来，不准外出。织女从此无心织云锦，茶不思，饭不想，思念恋人日夜不眠，日渐消

瘦。姊妹们看了无不可怜。一日，姊妹们让三姐设法将看守门将引开。织女趁机来到南天门，把着门缝往人间一看，只见牛郎正在受苦，一时心如刀绞，回来大哭不止。姊妹见状更是可怜，但无法使其解脱。织女决心誓死与牛郎结合，不愿在天上忍受寂寞。在姊妹的帮助下，织女终于成功背着母亲下凡。

一日，牛郎下地干活，扛着镢头低头前行。走到野外大槐树下，忽然被一女子挡住去路；牛郎躲开前行，又被女子挡住。牛郎抬头一看，是一位姑娘。牛郎虽见姑娘如花似玉，但毕竟男女授受不亲，又躲开前行，依然被阻。牛郎无奈开口问道："这位大姐，为何拦我去路？"姑娘答道："丈夫！有明人指点，我命中注定与你为妻。"牛郎说："婚姻乃父母之命，媒妁之言。你我在荒郊野外，怎好成亲？"那女子指着老槐树说："你看，他就是媒人。"果然老槐树开口讲话："哈哈，老夫就是大媒，今天特来主持婚礼！"牛郎想：老槐树都显灵了，这是天意，就同意了。随即他们折了三根黄草棒插地为香，二人就在老槐树下拜天地，成了亲。

牛郎心想：我夫妻如果回家，嫂子肯定不容。于是，夫妻径直来到东牛栏，搭起茅屋。从此，男耕女织，夫妻恩爱，过起了幸福生活。因妻子会纺线、织布，人们也叫她"织女"。不觉三年过去，织女生下一男一女，十分可爱。两口子生活更加幸福美满。

天宫中，王母娘娘巡查来到织女住处，发现织女下凡，大怒，立即奏明玉皇，派天兵天将下界捉拿织女回天庭。

正是七月七日，忽然天昏地暗，狂风大作，飞沙走石。在雷鸣电闪中，天空中出现了天兵天将，一个个明盔亮甲，手持利刃。只听得天空中喊道："织女听旨：王母娘娘命你即刻返回天宫，不得有误！"闪电中两位天将来到茅屋，将织女架起，一声雷鸣，升上天空。两个孩子撕心裂肺地哭喊着。牛郎哪能拦得住，急得在地上直转圈。

这时，牛郎忽然想起老牛的话，立即在老牛坟前烧起一炷香，喊道："老牛呀，快来救我！"忽听坟中老牛说话："牛郎呀，快穿上我的牛皮，戴上牛角，挑上孩子去追赶织女吧！"牛郎立即取出牛皮、牛角，穿戴起来，挑上两个孩子。这时忽觉两脚生风，腾空而起，向着织女飞快赶去。织女哪能舍得孩子和丈夫，呼喊着拼命往回拽，所以跑得不快。牛郎心急，跑得快，很快就撵上了。他想，只要抓住织女，豁上命也要把她拽回来！二人的手还差二指距离就要拉住了。在这千钧一发之际，王母发现了。她从头上拔下金簪，从二人中间"呼啦"划过，立即出现了一道天河，波浪滔天，把二人隔在河两岸。夫妻无论怎样喊叫，孩子哭哑了嗓子，也无济于事了！牛郎只得回到茅棚，天天以泪洗面，支撑着养育两个孩子长大成人。

织女回到天上，王母也拿她没办法，但看得更紧了。又过了几年，王母见织女未再生事端，便慢慢放松了看管。海可枯，石可烂，织女回人间的念头不改变！她先选择了在东牛栏西边的洞中居住。后得知张道通等在洞内炼丹，便托梦道通迁出洞去。

又是七月七日，在众姐妹的帮助下，织女来到山洞。这时，牛郎已在河东居住。不料这里也有一条河是天河降落，与天河上下相对应，并与天河同功，依然隔开了牛郎与织女。

织女来到山洞，喜鹊山中报喜讯，百鸟都来欢迎、祝贺。百鸟又见夫妻俩被大河相隔，不得相会，便在大河上空集结。各种鸟儿越集越多，遮天蔽日。鸟儿你咬着我的尾巴，我咬着你的翅膀，搭起了像彩虹一样的桥。因喜鹊来得最多，故称"鹊桥"。牛郎从河东家门口，织女从河西洞口，一起走到鹊桥中间，夫妻终于相会。

从此，织女常住洞中，永留人间。过往行人时而听得洞中有"札札"机杼之声，那是织女在织布。因此，织女洞前香火旺盛，她常常为民众解脱不顺的婚姻之事。

后来，每年的七月七日日落时分，山中百鸟都来搭起鹊桥，供牛郎与织女相会，称"七夕相会"。一年一度，直至今日。

当时，山中的鸟儿、兽儿都盼着把这条河移开，好让牛郎、织女经常相聚。时间长了，"移河"便成了这条河的名字。可没想到的是：有了"移河"这个名字后，河不但没有被移走，反而常常泛滥成灾，危害百姓。

后来，人们将"移"改为"沂"。人们想：滔滔河水只有一"斤"了，就不会泛滥成灾了。果然从那以后，沂河不但没有泛滥成灾，反而生长了许多鱼虾，供人们食用；清清的河水，人们洗衣、洗澡，灌溉庄稼、果菜，河两岸年年大丰收，人民安居乐业……沂河成为一条"益河"，千秋万代

为民造福。

再说张道通等三人迁出洞后，开始四处化缘，修织女洞。洞中正面塑王母娘娘等众神像；在北墙阁楼上塑织女全身，面向东，透过天窗隔河俯视，与牛郎相望。

织女的梳妆台上方有一面铜镜，太阳升起时，阳光正好透过天窗射到铜镜上，再折射到织女的全身上。这时，七彩之光照亮全洞所有空间，洞内光彩绚丽，十分灿烂！可惜的是，1939 年 4 月 23 日，日寇“扫荡”织女洞时，把铜镜抢走。传说这件国宝现存日本国家博物馆。

为迎接织女到来，在织女洞向南一广阔山坳处修建了规模宏大的“迎仙观”。织女乃大贤之女，故称其山为“大贤山”。织女洞东边不远，有织女洗澡的“织女池”，大小约 1.5 米见方（现已废弃）。旁边有织女“坐石”，石上的两个窝不大不小，正好放开腚锤儿，坐着很舒服。织女为解烦闷，邀一民女为伴，姊妹相称。二人非常亲密，形影不离，常到山上“双泉”边玩耍。自此，双泉改名为“姊妹泉”。

后来，牛郎也成了神。道人张道通在河东又修起了“牛郎庙”，与织女终日隔河相望，一起为民众做好事。为纪念牛郎，此庄称为“牛郎官庄”。

说起“七月七”，可是有讲究：天体不停运行，通过测定，每当七月七日，天上的天河和地上的沂河正好上下相呼；而天上的“双星”（即牛郎星、织女星）与地上的牛郎庙、织女洞也正好上下对应。所以，牛郎与织女出在山东省沂源县燕崖乡境内，是天经地义的。“天下独有织女洞”，唯此而已。①

上面这则故事态度强势地宣告了沂源对牛郎织女传说的所有权，“牛郎与织女的故事传遍天下，家喻户晓。但出在哪里，却几乎无人知道。原来出在今山东省沂源县燕崖乡”。传说内容特别强调传说与沂源的亲缘关系，牛郎放牛的“东牛栏”在现今织女洞东 1 公里处、织女重返人间后居住在“织女洞”、织女洗澡的“织女池”在织女洞东不远处，织女常常解闷散心的“姊妹泉”等地方证实了沂源是牛郎织女传说的发源地。传说仅仅指出牛郎姓孙，

① 陈茜主编：《沂源民间文学》，中国文化出版社 2007 年版，第 42～46 页。

名守义，没有强调传说与牛郎官庄孙氏家族的关系。另外，牛郎的身份令人意外，他居然是天上的天蓬元帅转世的。不过这次天蓬元帅受罚不是因为调戏嫦娥，而是与织女眉来眼去，产生私情，被王母发现后贬下人间。

传说的讲述者体现了集体性的口头传统。当然这其中的故事小修小补是可能的，但是一个故事的结构和风格却无法突然改变。口头表演还意味着一位讲述者在现场表演时可能靠其个人的魅力吸引住听众。但是，如果把他的讲述录制下来或者记录下来，过后再回过头来听录音或者读记录，就会发现他的讲述并不那么精彩。他可能常常会在一句话的中间突然卡壳、常常会重复等。显然，较之书面叙事而言，口头叙事不怕啰嗦，常常还需要啰嗦。采录于当地民众口头的 18 则传说给人的感觉就是良莠不齐，到处充斥着重复啰嗦。有的故事篇幅短小，只有三言两语，而有的颠三倒四、逻辑混乱，更有的文本表述不清，听完之后让人感觉云里雾里。

2008 年新修建的牛郎庙

在本村搜集整理相关传说时，我们基本没有发现杰出的传说传承人，并且这些讲述者蕴藏的故事比较有限，讲述的“牛郎织女传说”也缺乏讲述者

自身的个性。18则传说，实际讲述人为17人[①]，其中男性10人，女性7人。男性中有8人为牛郎官庄本村村民，7人为孙氏族人。其中马贵义为入赘本村的外来者，另外2位讲述者皆为外村村民。解明泉不是本村人，但其作为燕崖镇文化站工作人员曾长期驻在牛郎官庄，对牛郎官庄的村落历史文化了如指掌。南安乐村民耿成学是讲述者中与牛郎官庄关系最淡薄者，他所讲的牛郎织女传说与其他人讲的多有不同。7位女性讲述者皆为嫁入本村的外来者，她们在户籍上虽是牛郎官庄村民，但由于每个人对村落以及夫家的认同程度不同，因此所述的内容与侧重点也呈现出鲜明的女性特色。

不同的讲述者在表演技巧、故事储量及其与观众的互动方面，各有千秋，千差万别。对比这17位讲述者，他们的叙事具有如下特点：

1.男性讲述者的叙事要优于女性

在本庄，男性村民较女性村民更容易接受外来者的访问，对本村的村落概况以及文化传统更有优越感。由于讲述者的传说储备与其地方性传统之间的密切关系造成他们的叙事要优于女性叙事者。男性叙事者的叙事篇幅大多在千字以上，有的甚至达数千字；而女性叙事者则大多寥寥数言，有的仅几百字。以牛郎官庄村民苗永香为例，笔者在2006～2017年曾数次对其访谈，但其所述的牛郎织女传说却基本没有变化，最长的讲述，经笔者整理后也不到400个字：

> 传说牛郎和织女落凡到了大贤山。牛郎叫孙守义，他是位天上的神灵，怎么落凡的不知道了。织女是王母娘娘的六女儿，她看人间好，看牛郎很善良，就想嫁给他。牛郎和哥哥、嫂子一起过，分家时分了一辆车子，织女落凡下来帮助他，和他结婚，生了一男一女。牛郎本身是牛，姓孙，小名是牛郎。王母娘娘知道了，她不让织女和牛郎在一起，就让织女回去。牛郎追到河边没追上，是因为王母不让他追上。牛郎原来虽然是神，但托生凡人后神力没了，跟凡人一样。王母娘娘拔下柳荷针（意即簪子）划了一条天河，雨下大了就成了沂河，牛郎就过不去了。王母就定了七月七让他们见一面。七月七见面传说是百鸟搭桥，其实是小麻雀给搭桥，那天都听不见鸟叫了，就是一会儿看见，一会儿就没

① 孙启忠是我们的重点访谈对象，曾让其多次讲述牛郎织女传说，此处整理其两次讲述的牛郎织女传说。访谈时间分别为2006年3月和2008年4月。

了。七月七那天一般都下大雨，因为他们见面泪涟涟。

苗永香唱的佛歌里有一段：

> 七月里七月七，天上的牛郎配织女。一年一次来见面，夫妻相见泪涟涟。

与苗永香的篇幅短小不同，解明泉同样讲述了一段牛郎织女的传说，却洋洋洒洒，不仅篇幅长（整理后的记录稿文字几乎是苗氏所讲的14倍），而且细节处理也很好，例如对人物关系、人物心理活动等都作了细致的交代。

未修复前的牛郎庙

2. 本村村民的叙事质量要高于外村村民，且外村村民并不强调传说与村落和家族的关系

日本民间文艺学家柳田国男曾提出“传说圈”概念，指出：无论是多么不起眼的传说也必有流传的中心点，距离中心点越近的地区传说的传承越集中；反之，则最消极。[①] 在笔者的多次田野调查中，最直观的感受就是牛郎官庄的村民几乎个个都会讲牛郎织女传说，哪怕不能完整地叙述故事情节，“叔嫂矛盾”“黄牛分家”“众鸟搭桥”等核心情节都能说一两句，并且在叙述

① ［日］柳田国男：《传说论》，连湘译，中国民间文艺出版社1985年版，第49～50页。

最后都会落脚到当地的牛郎庙或者织女洞。而外村村民所述的同题材传说则大多支离破碎，质量明显不如牛郎官庄村民。2006 年 3 月，笔者曾访谈马家河西村民韩秀吉，他讲述的牛郎织女传说如下：

> 七月初七，夫妻见面，百鸟搭桥。牛郎是天上的神仙，是神仙下凡。织女是天上王母的小女儿，私自下凡，跟牛郎生了一儿一女。牛郎织女就是“天仙配”，电影电视上都有。牛郎就在凡间，织女就在天上。①

韩秀吉老人受访时 75 岁，而同年笔者又访谈了 79 岁的牛郎官庄村民孙兆华，他给笔者讲述的传说如下所述：

> 七月七是牛郎和织女相会的日子，有百鸟搭桥。在每年这一天牛郎就挑着挑子，一头是儿子，一头是闺女，过河和织女见面。天河有说是织女划的。牛郎去追织女，织女怕罪过更大，所以划了天河。也有说天河是天雷爷爷划的，天雷爷爷就是玉皇。他划天河是嫌他闺女下凡了。织女想下凡，看牛郎实诚，又看他五官端正，所以就相中了他。
>
> 牛郎的哥哥和嫂子很坏，把家产全掌握在自己手中。牛郎说：“你这个不给我，那个不给我，你还一点东西不给我了吗？给我这头牛吧。”哥哥说就答应了。从那以后，他和这头牛就成了伴侣。牛郎白天出去放它，晚上就和牛住在一起。这头牛感激他，就对他说：“我死了以后啊，天仙就能相中你。我的皮你留着。仙女要走的时候，你就披着它去断（当地方言，即追的意思）她。你是凡人啊，如果你不披着我的皮你就断不上她。”牛死了以后，牛郎就把牛皮保存了起来。织女和牛郎在一起是有期限的，开始织女就旁敲侧击地说过，牛郎没当回事，就觉得有儿有闺女，四口人挺好的，没寻思着织女会走。没想到有一天，天兵天将来叫织女上天，还说：“你要是再不上来就杀你男人。”织女怎么舍得让天兵天将杀她的男人？于是穿上褂子就要走。牛郎慌忙挑起挑子，披上牛皮，结果把牛皮披倒了，等正过来后就落下了一截。就在快追上时，织女拿着梭子在天空中一划，一道天河，就把牛郎和自己分开了。

南安乐村民耿成学所讲的传说内容完整，情节曲折，属于讲述较好的文本。他虽也讲牛郎姓孙，但这孙氏与牛郎官庄和孙氏家族完全没有关系，所

① 韩秀吉，男，马家河西村人。访谈时间：2006 年 3 月。

述情节受地方戏曲演出内容的影响更大。

3. 来自外村的本村村民(入赘者以及嫁入本村的媳妇)叙事内容更容易受外界文化的影响

讲述者并不是一个孤立的个体,而是他所生活于其中的文化产物,因此讲述者的生活史和个性对于他的故事讲述和储备都有影响。相比于从小生活在牛郎官庄的“土著”村民而言,男性入赘者和女性嫁入者都是“外来人”。由于他们的原生环境并不是牛郎官庄,因此对本村的历史存在着一个逐渐了解并熟悉的过程。在这个过程中,他们常常容易将不同的文化混淆。例如,马贵义是本村的入赘者,他20多岁才因为婚姻关系来到牛郎官庄,因此他对本村的历史很难谈得上熟悉。在讲述牛郎织女的传说时,他就将织女落户此地与张道通传说混杂在一起:

织女洞里的王母娘娘塑像

传说,织女在天上的时候,因为在王母娘娘的蟠桃会上犯了点错,王母娘娘就将织女贬到人间。织女接受了这个命令,就问王母娘娘:“你让我到人间,我应该到哪里去啊?”王母娘娘说:“你去人间,如果碰到三件事那就是你落脚的地方。哪三件事呢?首先是碰到七牛耕地,七头牛拉一个犁,而且必须都是母牛;第二件事是倒骑驴;第三件事是

池子边上的茅草必须有三丈二尺高。”

织女到了人间以后到处寻找，功夫不负有心人，终于有一天织女找到了这个地方。西边庄头那里有一片地，她远远看见一个人在那里耕地，看不出是男的还是女的，走近了以后一看是女的。三头牛拉着一个犁。织女一看是三头母牛，肚子里都还怀着小牛犊，也是母的，这不就有六个了嘛。加上那个女的，也可以算个母的，就算七牛耕地。织女又往前走了一阵，碰见刮大风了，走路的人都没法走。这时正好来了一个老汉骑着驴。走近了以后，织女才看清楚了老头是面朝后骑的驴。原来风很大，吹打在脸上很疼，老汉没办法就倒着骑。织女继续往前走着，走到村边的一个池子边。边上有棵三四十年的杨树，三丈多高，中间都空了。织女一抬头，看见树上有二尺多高的茅草。这就是她落脚的地方了。于是织女就在这里停了下来，住在附近的山上。时间长了以后，她天上的姐妹就都来找她玩。她们经常在这个池子里洗澡，后来这个池子就叫“姊妹泉”。

村民柴永凤与马贵义一样是这个村子的外来人，她所讲述的传说也深受地方戏曲的影响。在言谈中，她明确地说明她所讲故事的来源是通过听戏得来的。“看戏俺看这么一骨节，听说也是这么一骨节”，与当地的织女洞、牛郎庙关系并不大。柴永凤所讲的传说与地方戏曲《天河配》情节完全一致，她清晰地记得当年的演出情况，“博山班五几年时来唱，1958 年以前经常唱，1958 年以后不唱了”。柴氏所讲的牛郎织女传说既不强调与牛郎官庄的关系，也不强调与孙氏家族的关系，基本上可以看作是《牛郎织女》电影或者相关戏曲情节的口头叙述。这种情况也发生在村民韩凤英①的身上，其所讲的传说比柴永凤的更为具体细致，所述细节与戏曲演出的内容一模一样。

4. 孙氏家族的村民更强调牛郎与村落、家族的关系

与村中其他姓氏村民不同，孙氏族人对牛郎与自己家族以及村落的关系经历了一个转变过程。以 2007 年为分水岭，在此以后孙氏族人对牛郎的认同度越来越高。以下面这 7 位孙氏男性讲述者为例，几乎无一例外地在讲述过程中强调牛郎与自我的血缘或者地缘关系。孙培福②讲述时首先强

① 韩凤英，女，牛郎官庄人。访谈时间：2008 年 4 月。

② 孙培福，男，牛郎官庄人。访谈时间：2006 年 3 月。

调牛郎与本村的关系：

> 牛郎不姓牛，叫孙守义，就是咱村里的人。他有一个哥哥，对他很好，但嫂子对他很不好。他家里养了一头老牛，分家的时候，老牛和他说："你只要我，啥也别要，你要他们也不给你。"织女是王母娘娘的七女儿，相中牛郎后，生了一儿一女。王母娘娘发现后，派天兵天将把织女抓回天上，牛郎在后面追织女的时候，织女拔下簪子划了一条天河。后来王母娘娘答应让他们每年七月七日见一次面。他们见面时，有百鸟来搭桥。以前俩人年轻，见面后就哭，所以在过去每年的七月初七这天都下雨。现在他们年龄也大了，见面也不哭了，所以现在也不下雨了。

而孙启文讲述文本则不仅强调与村落的关系，更强调与本村孙氏家族的血缘关系。

5. 女性讲述者更容易与牛郎织女信仰产生关系

牛郎官庄女性村民有老母会这样的香社组织，尤其是年纪稍长的女性一般都会入会参加相关活动。相比较口头讲述牛郎织女传说，女性香社成员更愿意用参加庙会或者口头演唱佛歌等形式传承牛郎织女文化。在访谈中，女性村民讲述的传说具有篇幅短小、语焉不详、重复啰嗦等不足，但几乎无一例外地在讲述的最后都会谈到三月三、七月七去织女洞朝山进香的活动。

6. 与本村关系越近的人，讲述传说的频率越高，叙事情节越具体

讲述者熟悉并因循集体性传统，但并不只是局限于传统。2008 年以后，对于牛郎官庄村民而言，牛郎织女传说就是一种集体性的传统，这个故事为村落内所有的村民所接受。虽然这种传统是集体的，但并不意味着私人意见在其中毫无立足之地。不过，相左的个人经验面对传统却不得不止步，被按照成规削足适履，任何个人的和背离民俗共同体的因素都被摈弃。一般说来，一个叙事很少能够固化一种十全十美的原型。在细节方面，讲述者常常会添油加醋，或有意无意删减，把经过他修改的故事讲给听众听。村民孙培琏讲述的传说在整体上与传统讲述内容一致，但在牛郎兄弟的名字、牛郎织女婚配的原因及方式等细节方面都有别于传统，有着独到的解释。

牛郎庙内的金牛星塑像

7. 传说讲述者不断完善自己的叙述内容

叙事者的故事并非一次性产品。讲故事是一种传统的叙事活动，但他们并不是一味地“遵循”传统，每一次讲述都是一次对传统维护与修缮的过程。孙启忠因为身体原因长年卧床，因此他成为我们反复访谈的对象。从他每次的讲述中我们可以发现，每一次讲述都是他的一次创造，是对以往讲述的调整与完善。笔者就其牛郎织女传说文本的采录是在 2006 年 3 月，其所述情节主要有兄弟分家、窃衣娶妻、天河分隔、百鸟搭桥，讲述时以牛郎为叙述主线，直接从分家开始，然后谈结婚、分离、相会，除了在讲述最后补充了牛郎庙塑像的相关信息之外，几乎没有谈起传说与村落以及家族的关系。下面的文本则采录于 2008 年 4 月：

> 牛郎原名孙守义，他很忠实，他的大哥很毒辣，想霸占家产。黑夜里老牛跟牛郎说：“分家时不要别的，要我和破车就行。”所以分家时除了老牛和破车，整个家产都成了老大的。老牛用破车拉着牛郎到了一个地方。晚上，老牛跟牛郎说：“仙女们常在这个湖里洗澡，你去把七仙女的衣服（红色的那件）偷来，她就上不去天了，就会跟你过了。”牛郎就

去偷了那件红衣服，织女和他就结了婚，生了孩子。后来天宫发现织女私自下凡结婚生子，就命令天兵天将把她抓回来。织女不回去，王母很生气。这时候，老牛快死了，它让牛郎保存好它的皮，到时候披着牛皮追赶织女。七仙女被抓回天宫的时候，牛郎挑着孩子披着牛皮就去追，可惜他把牛皮披倒了，要不就追上了。眼看追上时，王母就用簪子划了道天河，隔开了他们。我们可以看到河西的牛郎星，这个星的两边还当啷（垂挂）着两个小星星，那是他的两个孩子。三角形的星叫"锁头星"，是牛郎用锁头打织女，打到了织女身边形成的。织女用梭子打牛郎，结果打偏了。所以历来是"男打女来十分准，女打男来打不着"。

牛郎官庄因为计划生育，所以家中一个女孩子的都招了养老女婿。现在庄里有十几户，所以外姓就多了，以前村里90%都姓孙。孙姓不是牛郎的后代，那只是个传说。孙姓实际是明朝时从淄川孙家大庄迁过来的，沿用了"牛郎官庄"这一村名，一直没有改过名字。①

2008年采录的文本中所述情节为兄弟分家、窃衣娶妻、天河分隔，省略掉了"百鸟搭桥"的部分。讲述时他还是以牛郎为叙述主线，但开篇就交代了牛郎的姓名，这是对以前所讲内容的补充。叙事策略还是从分家开始，接着谈结婚、分离、相会，但在最后没有再交代牛郎庙的信息，而补充的是牛郎与村落以及孙氏家族的关系。在孙启忠看来，牛郎虽然姓孙，但与本村的孙氏家族并无任何关系。牛郎是传说人物，而孙氏家族却是明朝时从外地迁入本庄的，沿用了"牛郎官庄"这个村名。简单地说，牛郎与孙氏以及村落都没有关系。这种观点与牛郎官庄其他村民所言的观点截然相反。讲述者并非一个一成不变的复述者，他所做的并不仅仅是保存故事并原封不动地传给别人。一个故事和讲述者的相遇分为三个阶段：首先，听别人说故事；其次，把故事记忆在脑海里；最后，给别人讲故事。在这三个阶段中，讲述者自始至终都是积极的，也就是说，喜欢听什么故事，不喜欢听什么故事，听来的故事有多少被保留在他的故事篓子里，其中又有多少属于他能够张口就来的熟段子，他如何修改故事，如何给自己的故事篓子增加新货色，诸如此类的问题，都与他个人有关。

① 孙启忠，男，牛郎官庄人。访谈时间：2008年4月。

以孙启忠为代表的部分讲述者，他们的故事储备并非仅仅取决于他的个性和生活经历，还与当地的叙事传统土壤为他提供的叙事主题、表达模式和现成的故事有关。更为直接的是，他非常清楚受众的心理期待。因此在讲述过程中，我们的期待、要求、欢迎或拒绝，都或多或少地决定着他对其故事储备的取舍。

二、天孙女

现在我们在讲述牛郎织女传说或者观赏《天河配》戏曲时常常是“牛郎”“织女”并称，似乎二人拥有同等重要的地位和作用，实则不然。二人在不同地方以及不同的讲述者那里，地位千差万别。以牛郎官庄为例，无论是民众口传的传说故事还是民众践行的信仰仪式，织女的地位都远逊于牛郎。

（一）村民口述文本中的织女

织女的身世与神职　与织女的身世不同，牛郎以及老牛都经历了由神变人的过程，其中牛郎逐渐成为我们生活中常见的穷小子代言人。他前世虽贵为天神，但因触犯天规，被贬下凡，转生为一位父母双亡、自小受哥嫂欺负的可怜孩子。织女的身世却没有经历大的变化，尤其是在古代文献典籍中一直是高贵的女神，《史记·天官书》和《汉书·天文志》两书均称织女为“天女孙也”。这句话可以有多种理解，可以是“天女的孙”，也可以是“天的女孙”。参照唐代司马贞《史记索隐》载“织女，天孙也”和唐代《开元占经》“杜预曰：星占之织女，处女也，天孙女也”，可知织女是天帝的孙女。《荆楚岁时记》却独树一帜，把织女理解为“天帝外孙”。

当地关于织女的身世则是“女孙说”与“女儿说”并行，“女孙说”又可分为“孙女”和“外甥女”。“女儿说”在于纠结织女到底是天帝的第几个女儿，比较主流的有三女儿、六女儿、七女儿、九女儿和小女儿，小女儿不在于她排行第几，只在乎她是天帝最小的女儿，也是最受宠爱的女儿。如有的村民说：

> 天爷爷有九个女儿，黄牛就说：“这里有澡堂子，天上的九女在这里洗澡。你抢着哪一个，哪一个就是你媳妇。”结果牛郎一下子就把天爷爷的三闺女给抢过来了。这个三闺女就跟着牛郎下了凡，生了一个儿

子、一个女儿。[①]

织女是王母娘娘的六女儿，她看人间好，看牛郎很善良。[②]

玉帝贬了天蓬元帅，又新换上一位。不料这一任仍是多情，看上了玉帝的七女儿。七女儿长得最俊俏、聪慧，终日织云锦，叫织女。[③]

王母娘娘有九个闺女，织女是王母的第九个闺女。[④]

七仙女羡慕人间的凡人生活，就愿意跟着牛郎，在众姐妹的帮助下，这两个人就成亲了。[⑤]

织女是王母娘娘的小女儿，私自下凡，跟牛郎生了一儿一女。[⑥]

调查中，经常碰到这样的回答："牛郎配的是七仙女"，"牛郎织女就是《天仙配》"。就连当地人认为最具有发言权的张道士也认为牛郎配的是七仙女，这些话语充分显示了人们将牛郎织女故事与董永故事糅合的现状。当我们意识到这一现状的时候不禁会思考：为什么人们会将这两个故事相混？这其中肯定有很多的原因，但是在这诸多的原因当中，大众传媒的影响作用是绝对不可以低估的。20 世纪 50 年代末拍摄的电影黄梅戏《天仙配》在我国尤其是农村深入人心，这使得很多人直接将这两个故事糅合在一起。普通百姓对电影、电视等现代大众传媒持有一种迷信的态度。日常生活状态下的草根阶层自古就没有充分的话语权，总是以对立于自己的精英阶层的言语为正确的言语，以他们的思想为正确的思想。现代社会中，人们更习惯将大众传媒等同于官方的、权威的。他们总是在看了电影、电视接受了传媒的说法之后，再对自己的观点进行改变。有时候这种改变是无条件的，是用糟粕取代精华的改变。

对于织女的神职，张守节在《史记正义》中作了说明：

织女三星，在河北天纪东，天女也，主果蓏、丝帛、珍宝。[⑦]

---

① 张文永，女，牛郎官庄人。访谈时间：2006 年 3 月 26 日。

② 苗永香，女，牛郎官庄人。访谈时间：2008 年 4 月。

③ 张守安，男，燕崖村人。访谈时间：2006 年 3 月。

④ 孙兆杰，男，牛郎官庄人。访谈时间：2008 年 4 月。

⑤ 孙启文，男，牛郎官庄人。访谈时间：2008 年 4 月。

⑥ 韩秀吉，男，马家河西村人。访谈时间：2006 年 3 月。

⑦ 《史记·天官书》。

郝经在《续后汉书》中则评议道：

> 天汉北鼎足聚三星，色赤，曰织女，去极五十二度，大星入斗十一度黄道内，天女孙也，主果蓏、丝帛、珍宝及蚕缫、织纴妇职。①

如此说来，织女是天帝的女儿，主要分管瓜蓏、丝帛、珍宝、生育等与女性相关的工作。而在当地，纺线织布却成为织女重要的职能。村民耿国芝就认为，织女是王母娘娘的外甥闺女，织女专门在天上织彩绸，天上的五色彩虹，据说就是织女所织的绢。在村民孙培琏看来，织女原本就没有名字，只是因为她嫁给牛郎后夫妻恩爱，会纺线、织布，才被人们称作"织女"的。有些文本中还会把沂蒙大地的纺织传统归结于织女的功劳：

> 天后七女，丰腴端庄，睿慧灵巧，但不耐天宫岁月寂寥冷漠，羡慕人间劳动生息、情绵意切的欢乐生活。她遍寻九州五岳，惟海右沂蒙凤凰山，景物明丽雅秀，水土肥美，且人缘敦厚纯朴，勤劳善良。七女下凡栖于洞中，她把桑籽遍撒满山原野，很快成树长叶，蓊郁透碧，并教会了五里八乡的姑娘们育蚕、缫丝和织锦。从此沂蒙大地始有桑蚕，人民生活也大有改善。②

在民众口中，织女与牛郎结婚后男耕女织、生儿育女的功绩被反复提起。这是与社会本相相适应的社会表相。众所周知，环境、经济生业、社会结群共同构成人类生态，是人类生存其间的社会情境本相。社会表相强化社会本相，并遮掩社会本相，让人们置身其中而难以窥见社会本相的真貌。文本中织女善织是当地女性面对生存环境选择的必备生活技能。在传统中国农村，农民自力更生，男耕女织，女性纺织不仅需要满足全家老小的衣着需求，还可以拿剩余的纺织品到市集上卖，这些多少可以贴补家庭消费之需以及降低穷困匮乏的风险。而生儿育女、繁衍子嗣更是传统社会中女性的责任与义务。恰如林语堂先生所说，女人达到最高境地是她做母亲的时候，否则便失掉了她的尊严和端庄。

---

① （元）郝经：《续后汉书》卷八四，清文渊阁四库全书本。

② 政协沂源县文史资料征集委员会编：《悠悠沂河——献给建国四十周年》，黄河出版社1989年版，第149页。

织女洞里的织女塑像

织女的容貌 织女在文人的笔下是高贵而美丽的。后汉蔡邕《协初赋》如此描述了织女的容貌:

> 立若碧山亭亭竖,动若翡翠奋其羽。众色燎照,视之无主,面若明月,辉似朝日,色若莲葩,肌如凝蜜。①

如此艳丽的女子,自然是男人们理想的恋爱对象。西汉焦赣《易林·中孚》就设有这么一卦:“久鳏无偶,思配织女,求其非望,自令寡处。”尚秉和《焦氏易林注》解释为:“言织女为天孙,不能求也。”②

在村民眼中,织女被认为是美貌的女神,只是普通百姓无法像文人那样神思妙想,尽情地书写织女的漂亮罢了。村民用解释本村女性美貌的原因来理解织女的貌美。他们说,本村女性之所以漂亮就是因为她们是织女的后代,并且当地也的确有“待看媳妇燕子崖”的俗语来验证此地女性的美貌。

---

① (唐)欧阳询撰:《艺文类聚》卷十八《人部二》,清文渊阁四库全书本。

② 施爱东:《织女的故事》,《读书》2008 年第 2 期。

织女洞神像前给神供奉的供品

在村民的认知中，织女会纺线织布远比织女的美貌重要得多，这估计与当地民众沉重的生存压力有关。当地山洞因“闻洞中札札机声”，于是以织女命名。可见，织女最初并不是我们后世所言的与牛郎七夕见面的女子，而是擅长纺织的女性。这在《博物志》一书中也可得到印证：“旧说天河与海通。”于是，有人备好干粮，从海上乘浮槎而往，走了二十几天，茫茫忽忽，不分昼夜，来到一处，有城郭、有屋舍，“望室中多见织妇，见一丈夫牵牛渚次饮之”。乘槎者问：“此为何处？”牵牛者没让他上岸，叫他回去问四川的严君平。乘槎者回来后找到严君平，这才得知自己划到了天河边的“牵牛宿”。[①] 在乘槎者的故事中，值得我们注意的是“室中多见织妇”这句话。此句表明即使天宫中的女性也得纺线织布，不可能过着无所事事的生活。所谓“靠山吃山，靠水吃水”，表达的就是环境与人们谋生之间的密切关系。当地多山多桑的特定环境要求女性具有纺织这种技能，并利用环境进行生产、分配和交换，以获得生存、繁衍与追求较好生活。“织女和牛郎说：你继续放牛，再开垦点地，种点庄稼；我呢，织个布，你拿出去卖了，咱这个小日子啊，会过得很好。”男耕女织这种经济生业组合是人们对于环境的利用方式，是对生存空间的适应。

织女的婚姻 《续齐谐记》中已经提到七月七织女渡河会牛郎的故事：

① 参见(唐)欧阳询撰：《艺文类聚》卷八《山部上水部下》，清文渊阁四库全书本。

> 桂阳成武丁，有仙道，常在人间，忽谓其弟曰："七月七日，织女当渡河，诸仙悉还宫。吾向已被召，不得停，与尔别矣。"弟问曰："织女何事渡河？去当何还？"答曰："织女暂诣牵牛，吾复三年当还。"明日失武丁，至今云织女嫁牵牛。①

但是在古代，织女并不是只配于牛郎，还嫁给其他人。例如，东晋时期《搜神记》就记载她被作为奖品赐予孝子董永。董永卖身葬父之后，正准备去就奴隶职，路上遇见一个妇人，表示愿意做他妻子。妇人只用十天就织了一百匹缣，帮助董永把债还清了，然后对董永说："我，天之织女也。缘君至孝，天帝令我助君偿债耳。"说完，她凌空而去，不知所踪。②

其中比较有意思的还有唐代张荐书写的织女与郭翰的故事：郭翰是太原人，于某年夏夜独卧庭中，这时有少女冉冉自空下，"明艳绝代，光彩溢目，衣玄绡之衣，曳霜罗之帔，戴翠翘凤凰之冠，蹑琼文九章之履。侍女二人皆有殊色"。少女很优雅地对郭翰说："吾天上织女也，久无主对，而佳期阻旷，幽态盈怀，上帝赐命游人间，仰慕清风，愿托神契。"于是织女与郭翰携手共卧，天亮则辞去，自后夜夜皆来。郭翰戏问："牵郎何在？那敢独行？"织女回答说："阴阳变化，关渠何事！且河汉隔绝，无可复知；纵复知之，不足为虑。"织女根本不把牛郎当回事。七夕前后几天，织女去牛郎那边应付了一下，其余时间都待在郭翰这儿。如此一年，突然有一天，织女涕泪交加，称："帝命有程，便可永诀。"然后履空而去。故事末尾强调说："是年，太史奏：织女星无光。"③

民间常用"癞蛤蟆想吃天鹅肉"来形容男女不匹配的婚姻状态，但事实是，癞蛤蟆总能吃上天鹅肉，譬如牛郎和织女。牛郎是典型的穷小子，无钱无房，除了一头相依为命的黄牛和一口破箱之外，啥也没有。而这个穷小子偏偏得到了织女的垂爱，与女神配为夫妻且生儿育女。牛郎官庄的口述文本，无一例外地都描述织女嫁给牛郎，并无他嫁。但比较有意思的是，织女嫁给牛郎的方式，有天帝赐婚说、抱衣逼婚说、织女主动求爱说和织女托梦说等多种说法。

---

① （南北朝）吴均撰：《续齐谐记》，明顾氏文房小说本。
② 参见（晋）干宝撰：《搜神记》卷一，明津逮秘书本。
③ （宋）李昉撰：《太平广记》卷六七《女仙·郭翰》，民国影明嘉靖谈恺刻本。

“天帝赐婚说”最早的源头来自于《荆楚岁时记》的记载，但这条记载在现行的书中并未发现。五代人殷元勋辑、清代宋邦绥补注的《才调集补注》引《荆楚岁时记》云：

天河之东有织女，天帝之子也；年年织杼劳役，织成云锦天衣。天帝怜其独处，许嫁河西牵牛郎。嫁后遂废织纴。天帝怒，责令归河东，但许其一年一度相会。[①]

织女因为天帝的怜悯而嫁与牵牛郎，但二人婚后疏于自己的本职工作，又被天帝分开，这种叙事情节被后世沿袭，成为统治者劝诫青年男女的反面教材。

在牛郎官庄，“天帝赐婚说”则借用了“董永与织女”相遇于大槐树的情节。织女在介绍自己时表明，她是受天帝之命来到人间与他结为夫妻的：

一日，牛郎下地干活，扛着镢头低头前行。走到野外大槐树下，忽然被一女子挡住去路；牛郎躲开前行，又被女子挡住。牛郎抬头一看，是一位姑娘。他虽见姑娘如花似玉，但男女授受不亲，又躲开前行，依然被阻。该女是哑巴开口了：“这位大姐，为何拦我去路？”姑娘答道：“丈夫！有明人指点，我命中注定与你为妻。”牛郎说：“婚姻乃父母之命，媒妁之言。你我在荒郊野外，怎好成亲？”那女子指着老槐树说：“你看，他就是媒人。”果然老槐树开口讲话：“哈哈，老夫就是大媒，今天特来主持婚礼！”牛郎想：老槐树都显灵了，这是天意，就同意了。随即他们折了三根黄草棒插地为香，二人就在老槐树下拜天地，成了亲。

“抱衣逼婚说”是讲述者最常用的叙事内容，这种故事情节被学界冠以“天鹅处女型”。其最早的源头是东晋干宝《搜神记》中的记载：

豫章新喻县男子，见田中有六七女，皆衣毛衣，不知是鸟。匍匐往，得其一女所解毛衣，取藏之，即往就诸鸟。诸鸟各飞去，一鸟独不得去，男子取以为妇，生三女。其母后使女问父，知衣在积稻下，得之，衣而飞去。后复以迎三女，女亦得飞去。

在当地民众口述的文本中，讲述者并不是完整地呈现此故事类型的全部情节，“抱衣”并进而“求婚”成为主要的叙事情节。如：

---

① （五代）殷元勋辑、（清）宋邦绥补注：《才调集补注》卷五，清乾隆五十八年宋思仁刻本。

分家后，黄牛说："牛郎啊，你也该添人口了。等到哪一年哪一月哪一天，天上王母娘娘九个闺女下来到西边那个荷花池里洗澡。她们下来洗澡时，你就去抱走一位仙女的衣服。九个闺女中有八个人穿的是绿衣服，只有七仙女穿红衣服。你抱着她的红衣服往回走。"到了那一天，牛郎抱着衣服就走，织女就后面追。牛郎把她的衣服藏起来，她回不了天宫，就断到他家里去了。而那八个都穿上绿衣裳回天宫了。回去后，八妹和九妹向她王母娘娘汇报说："俺七姐姐瞎（当地方言，即丢了的意思）了。"王母娘娘就派人来找，派下来的天兵天将，拿着七节鞭、八扎棍、刀、枪头子下来挨家挨户找，也没找着。因为牛郎知道他们来，就把织女藏起来了。天兵天将上牛郎屋里转了一圈也没找到，回到天宫向王母娘娘汇报说没找到。没找着就不找了，王母娘娘后来放下了，牛郎和织女两个人就过起了日子。①

"织女主动求爱说"主要讲述天宫中的织女看见人间的牛郎好，主动落凡人间和牛郎结婚生子。村民孙兆杰说："天仙女在天上看牛郎放牛，怪可怜的，就下凡来找他。她看牛郎好啊，看牛郎长得好、人品好。"这种叙事情节在当地并不是主流。

"织女托梦说"可以视为是"织女主动求爱说"的亚型，只不过是织女主动的方式更加具体，即"托梦"。其故事情节在前文村民孙培琏讲述中已有呈现。

牛郎官庄村民韩凤祥老人

① 韩凤英，女，牛郎官庄人。访谈时间：2008 年 4 月。

织女的离开　织女的离开也可以表述为谁划分了天河，天河的形成使牛郎织女幸福的爱情转变为悲剧。在当地关于天河的形成主要原因有王母娘娘划天河、织女划天河和天老爷划天河三种。在这三种原因中，我们听到的更多的是王母娘娘划天河的说法：

牛郎去断，眼看着就断上了，王母娘娘情急之下把那个头上的钢针拔下来，划了一道河，牛郎就过不去了。牛郎过不去了，王母娘娘就领着织女走了。①

在我们通常的理解中都认为，是王母娘娘破坏了牛郎织女幸福的生活，她是牛郎织女爱情悲剧的罪魁祸首，是面目狰狞的卫道士。但是在当地，人们普遍持相反的态度，他们并没有因王母娘娘划天河分隔牛郎织女而怨恨王母，而更多的是采取一种理解包容的态度。村民对王母娘娘划天河"以后织女在天空中总觉得不如在地上好，所以又下来了，王母也跟着下来了"、知道织女早有凡心之后"就不查了"等解释，无不表明人们对王母的破坏是持理解包容的态度。王母在这里换下气势汹汹的面孔，代之而起的是温情脉脉的面容。这一点可以和当地人三月三隆重地给王母娘娘过蟠桃会生日相互印证。

在当地颇为流行的织女划分天河的说法是我们以前鲜有听说的。有些当地人认为，织女为了减轻自己在人间结婚生子的罪过，不愿意让牛郎追赶上而亲手划的天河。村民孙培福说：

王母娘娘发现后，派天兵天将把织女抓回天上。牛郎在后面追织女的时候，织女拔下簪子划了一条天河。

这种说法和我们以前听说的王母娘娘划天河有很大的区别。"天河划分"在整个传说的发展定型中具有重要的意义。是家长拆散子女幸福的婚姻，还是子女自己主动放弃美满的生活，这可以从天河的形成得出结论。同样这也可以使牛郎织女故事的主题发生质的变化，这一点非常值得我们继续探讨。

与织女离开相关的还有一个重要的情节就是七夕见面。整个牛郎织女传说最让人痛心的是牛郎织女每年一次的见面。虽说是"两情若是久长时，

① 马有花，女，牛郎官庄人。访谈时间：2008 年 4 月。

又岂在朝朝暮暮”,但面对一年仅一次的见面还是不由得让人黯然神伤。所以古人将农历七月七下的雨称为“相思雨”,认为因为这一天牛郎织女见面,互诉相思之情,不免潸然泪下,二人的泪水就化成雨水降落人间。本地遵循传统的解释——牛郎织女每年七月七见面。但富有本地特色的是民众把二人见面后的场景与当地河水的干涸联系起来:

> 王母娘娘答应让他们每年七月七见一次面,让百鸟搭桥。以前俩人年轻,见面后就哭,所以在过去每年的七月七这天就下雨。现在他们年龄也大了,见面也不哭了,这天也就不下雨了。①

村民讲述的文本中都有“百鸟搭桥”和“上有天河,下有沂河”这两个故事情节,两者之中尤以前者为重。天河相隔、七夕相会是牛郎织女传说故事生命系统的核心要素,百鸟搭桥这一情节就成为牛郎织女天河相隔的延续、七夕相会的见证。人民群众在记忆这些民间传说的时候总是习惯记取其中最重要、最精华的部分,然后再在这个精华部分的基础上扩充若干个小故事,使这个故事不断发展壮大,逐渐形成一个围绕本地生活习惯、联系本地群众生活的故事群。这一点可以在第二个相同点上得到印证。“上有天河,下有沂河”就是人们依据世代相依的沂河水生发出来的,是对牛郎织女传说故事产

阁楼式的织女洞建筑

① 孙培福,男,牛郎官庄人。访谈时间:2006 年 3 月。

生的进一步解释。当地人民将天上的天河和当地的沂河相联系。天上相隔牛郎织女见面的天河在人间化成分离牛郎庙和织女洞的沂河，这种解释使民间传说和当地的自然景物联系在一起。这在一定程度上增加了传说的可信性，使牛郎织女传说在当地转变为一个解释风物山水的传说：

> 当时，山中的鸟儿、兽儿都盼着把这条河移开，好让牛郎、织女经常相聚。时间长了，"移河"便成了这条河的名字。可没想到的是：有了"移河"这个名字后，河不但没有被移走，反而常常泛滥成灾，危害百姓。后来，人们将"移"改为"沂"。人们想：滔滔河水只有一"斤"了，就不会泛滥成灾了。果然从那以后，沂河不但没有泛滥成灾，反而生长了许多鱼虾，供人们食用；清清的河水，人们洗衣、洗澡，灌溉庄稼、果菜，河两岸年年大丰收，人民安居乐业……沂河成为一条"益河"，千秋万代为民造福。①

（二）民众践行的织女信仰仪式

柳田国男谈到传说与地方化时这样说过：

> 传说在最初流传时会无可避免地与树木、桥梁、岩石等等产生联系，也就是说，经过一段地方化过程。但是类似风物随处可见，所以还不能把这些特征当作推断传说地方性的依据。神仙落座的树木、英雄落脚的岩石等，并非只有一处，全国各地都有，并且与地方信仰有着密切关联。②

韩森在谈到中国民众的神灵信仰观，或者说中国民众选择神灵的标准时提到了一个标准——"惟灵是从"，意即那些在民众看来最为灵验的神祇才最容易被民众信奉。北宋晚期，朝廷就注意到民众这种对待神灵的态度，因此朝廷加封那些灵验的地方神。这些神灵在地方社会中拥有众多的信徒。在每一道命令地方官上报申请载入祀典的神灵姓名的诏令中，朝廷告诉这些地方官员与士绅，那些被列入祀典的应该是那些灵验的、有威力的神灵，灵验与否是决定他们能否被纳入官方祀典的唯一标准

---

① 陈茜主编：《沂源民间文学》，第46页。

② ［日］柳田国男：《传说与民间故事》，《东方文学研究通讯》2002年第4期。

与条件。[1] 朝廷敕封神灵的目的对于神灵而言在于承认它们的功德，并促使它们继续显灵。在民众实际的信仰生活中，那些能持续享受香火的神灵关键不在于是否列入祀典，而在于它们是否灵验。列入祀典是神灵能享受香火的入门条件，且能否持续接受民众的供拜却仰赖神灵自己的本事，即它是否被民众认为是灵验的神灵。“感之而即通，祷之而即应。”人们相信神灵的真实存在，也相信神灵会显灵。在制造灵验的过程中，人们会借助于一些关于神灵灵验的传说故事。这些传说故事与宗教信仰仪式紧密相连，借助它们帮助人们理解神灵在满足现实生活中的诉求时所能发挥的特殊作用。在牛郎官庄世代传讲着一些有关神灵灵验的传说故事，它们约束、调整、规范着民众的信仰行为与对待神灵的态度。

织女洞内的进香功德碑

在牛郎官庄，民众对大贤山上的诸位女神的态度是不同的，这些女神包括织女洞中供奉的泰山奶奶、织女、王母娘娘和无生殿里的无生老母。在民众的认知中，泰山奶奶的权力最大，无生老母、王母娘娘、织女依次递减。织女是王母娘娘的女儿(一说外甥女儿)，具有亲缘关系，因此织女除了嫁与牛郎之外，事事唯王母马首是瞻。织女在当地民众那里的神职主要有两个：一

① 参见王见川、皮庆生：《中国近世民间信仰》(宋元明清)，上海人民出版社2010年版，第38～39页。

是求子,二是婚姻。村中大多数人都指出,村民韩福祥的孩子就是去织女洞求的。当时韩福祥的父亲带了些点心、水果之类的供品去织女洞拴了个娃娃,抱回来之后不久,韩福祥的媳妇就怀孕了。

据村民反映,过去有民众向织女祈祷婚姻幸福,但现在民众认为牛郎和织女每年只能见一次面,这种聚少离多的婚姻并不幸福,因此向织女求婚姻的香客越来越少了。

三月三庙会进入织女洞的香客

当地村民对织女的信仰表现为"禁忌"。禁忌是一种无外在行为表现的心意民俗形态,它的基本叙事模式是不要做什么,否则,就要受到惩罚。这与民间善恶报应及佛教的因果观念十分贴合。因此,禁忌常被作为伦理教化之用,以增强制止胡作非为的威慑力。一些小孩因做"坏事"而受"神罚"的故事,常是父母们训导其子女的绝妙教材。在当地,牛郎经历了一个从神到人的退化过程,而织女自始至终都是高高在上的女仙,民众不敢亵渎她。一旦有人对其流露出轻视的态度,他就会遭到惩罚。当地盛传的与织女相关的禁忌传说有:

> 这是十五六年前的事了,那正是打麦子的季节,织女洞的塑像刚刚被塑好。大马岭有个上初中的小男孩,有一次去织女洞玩,看着织女怪俊,就说:"长大了也要找个织女那样的媳妇。"说完后他还跟织女贴了

贴脸，还做(当地方言，即亲的意思)了个嘴。结果返回时，刚到了辉村就被撞死了。[①]

我的一个大爷叫孙培震，他小时候看见织女洞里有些小娃娃。这些小娃娃是道士做的，一般都是男孩子。谁要求子，就要向道士买，然后把娃娃放在织女洞里。其中有一个小娃娃做得不好看，他拿起来看了看，学那个小孩撇了撇嘴，说："你看看你这个样，还不如我呢。"这叫说狂话啊，结果刚下山，他的嘴就肿起来了。他娘知道不好了，发了发纸，祷告了祷告，他的嘴才好。你说这神不神，可不符合无神论啊。[②]

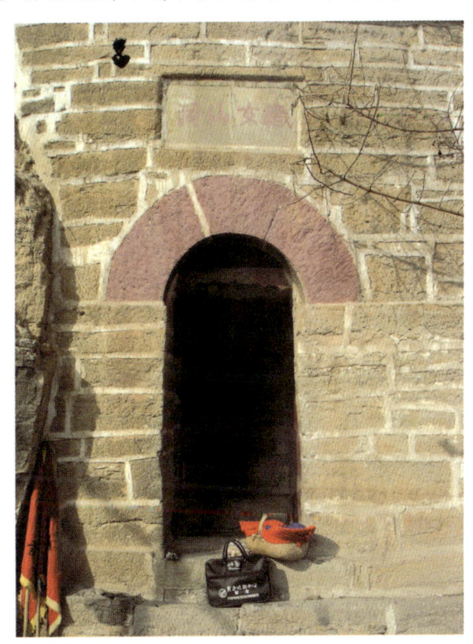

大贤山织女洞的洞口

如果某种特定行为的后果对一个人将是不愉快和危险的，他自然就要避免那样行动，以免承受后果。换言之，他不去做那类根据他对因果关系的错误理解而错误地相信会带来灾害的事情。简言之，他使自己服从于禁忌。这样，禁忌就成了应用巫术中的消极的应用。消极的巫术或禁忌则说："别这样做，以免发生什么事。"对不法之徒，本应绳之以法，可是过去民众对法律似乎并不清楚，也不信任，他们宁愿将缺德的无道行为视为禁忌，让超自然力去惩罚违禁者。禁忌故事对这类禁忌作了有根有据、最具震撼力的演绎。它们是民间进行自我伦理道德教化的独特话语，其产生了对因果报应观念宣扬的最佳效果。

还有村民孙启忠讲述的类似故事：有个小青年搂着织女照相，没过两天就死了；还有一个青年在织女泉撒尿，后来生了大病，很长时间才好。

① 耿国爱，女，牛郎官庄人。访谈时间：2008 年 4 月。
② 孙兆华，男，牛郎官庄人。访谈时间：2006 年 3 月。

这类禁忌故事是告诫民众：在庙宇内不能随便冒犯神灵，包括亵渎女神的容貌，挑衅女神的地位以及破坏神庙周围的环境，如果不遵守这些禁忌就会发生不好的事情。在故事中，善恶、因果、报应与禁忌情节糅合得浑然一体。"善有善报，恶有恶报"本来纯粹是人们的祈愿，但是在有关禁忌的故事中却变得实实在在起来。其"劝惩"的效果，是任何伦理教化的形式都无法匹敌的。

三、大贤山传说

大贤山曾为鲁阳八景之一，古来闻名遐迩，令人心驰神往。沂源县政协委员张文明曾如此描述大贤山美景：

> 沂源县东南三十里，燕崖村东五里，白马、沂河交汇处的南边有大贤山东西逶迤数里，主峰居中，昂首天外，势若翔凤。自顶至麓重岩叠嶂，送柏森列，苍茫葱茏。幽岫含云，山势雄奇秀雅。春日鸟语花香，飞泉抛珠；夏季雾障云绕，奇峰滴翠；仲秋之际，硕果飘香，霜叶留丹；隆冬季节，水瘦山寒，苍松负雪，俏丽多姿，一年四时生机盎然，处处景如画，步步有诗韵，使游者驻足忘返。①

（一）大贤山名称由来传说

大贤山在明代以前称"凤凰山"。至于此山在何时由于何种原因改为今名，在当地主要有两种说法：一种是碑刻记载的"山曰大贤，观曰迎仙，所谓山之大贤者，因织女之称也，观之迎仙者，昔仙人所居也"，即山名因织女贤惠而得。但在当地人的眼里，大贤山却与孙氏族人孙明远这个"贤人"有关。孙氏之贤，不仅在于他知事明理，更在于他舍家财修堡寨抗土匪。无论是镌刻在石的碑刻资料还是民众的口头传说，都是一种历史文献。历史是人们对"过去"的记忆与陈述，是借用人们的口述、书写、绘图、塑像表达出来的"历史事实"，那么当地的碑刻资料及官方记忆都沿袭了"织女贤惠说"。但是百姓口中盛传的却是"孙明远抗匪保民说"。那么，到底哪一种说法更接

---

① 张文明：《鲁阳胜迹——织女仙洞》，《沂源文史资料》第1辑，1985年，第139页。

近真实或历史本身呢?

立于大贤山山顶玉皇阁的明代正德六年(1511年)的《重修迎仙观玉帝行祠记》解释了大贤山和迎仙观的来历:"所谓山之大贤者,因织女之称也;观之迎仙者,昔仙人所居也。"大贤山之贤人是织女,迎仙观之仙人是张道通。所谓织女之"贤",强调的是作为中国传统农耕社会中女子的"贤惠"品德。此碑的撰写者为沂水县知县王儒,我们可以把这视作明朝时期官方或者当时的主流观点。

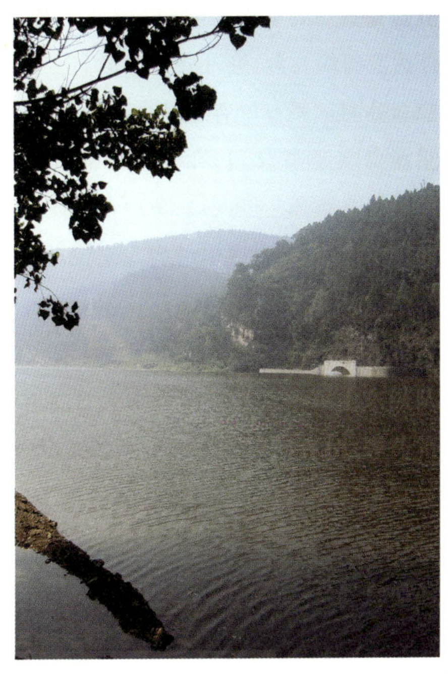

沂河对岸的大贤山

根据笔者2006年3月对牛郎官庄村民孙兆华的访谈得知,孙氏族人认为村对面的大贤山得名源于自己的祖先孙明远。

> 早先这个山名不叫大贤山,叫凤凰山。大贤山的名字是因为孙明远这个人。孙明远是清朝人,当过翰林院大学士待诏,马家河西本来有个碑上有关于他的记载,现在已经被拆了。他建寨、驻寨、守寨,这三件事为他赢得了大贤人的名声,所以这山就叫大贤山。①

孙明远是孙氏入迁牛郎官庄后的第八代,是孙氏自从迁到此地以来最重要的人物之一。孙明远死后葬在马家河西的墓地里,墓碑对其生平多有记载。不幸的是,此碑在"文化大革命"期间惨遭破坏,孙明远的生平以及事迹以只言片语的形式留在后人的记忆中。

据后世孙氏族人所言,村里的秀才有文秀才和武秀才,其中文秀才只有孙明远一人,武秀才有好几人。孙明远身为太学生、钦加翰林院待诏。孙明远之弟孙怀远亦是太学生,从九品。同胞兄弟皆有功名,在地方上拥有一定

① 孙兆华,男,牛郎官庄人。访谈时间:2006年3月。

势力，开始参与地方社会事务。道光三十年（1850 年）孙明远以郡庠生的身份撰写织女洞重修碑刻，以此帮助孙氏家族获得在当地发展的社会资本。孙氏参与织女洞、迎仙观等宗教庙宇的管理，这是家族力量彰显的表现。

孙明远家有屋有地，生活条件很好。当地有从费县来的土匪，为了防土匪，孙明远自掏腰包，在大贤山上修建山寨。他的这个举动影响很大，外面的人修山寨都是按人口、按地亩分摊钱，而他是自己出钱粮雇人来修。山寨修好后，他不仅允许本村的人来住，外面逃难的人也可以来住。山寨有了围墙有了武装之后，就有人建议出去剿匪，他不赞同这样做。他说土匪是为了钱，村民自己看好自己的门，土匪们抢不着钱，自然就不会来了。孙明远这种明哲保身的态度保证了当地人们的生命安全。

总之，孙明远不仅是孙氏族人，而且是本区域内的贤人，村民更倾向于认为大贤山得名与纪念他的善举有关。

王明珂指出，并不是客观存在的历史事实构成我们所信赖的“历史”，而是当前的社会事实（或社会现实）使得我们选择某些历史事实，或创造些对过去的想象，以某种方式来建构我们所相信的“历史”。我们相信这样的历史，因为它与社会现实以及相关的社会权力紧密结合在一起。说得更准确些，历史事实造成某种政治、社会情境。在这样的情境中，掌握权力者（个人或群体）也掌握“历史”建构，于是他们以“历史”来强化有利于自己的社会现实情境。这种社会现实情境，涉及社会地位、资源分配有高下阶序的人群认同与区分体系。[①] 据此观点，大贤山名称的两种说法都是“历史事实”，都与社会现实情境有密切关系。

大贤山半山处上存有一座金代石塔，题刻主要记述了大贤山道教的开山人物、道士张道通的事迹。值得注意的是，该题刻文字中出现了张道通云游至大贤山、定居于织女崖的叙述：

> 乃游此地，谓人曰山名大贤，织女崖□，乃同徒众登眺巅峰，山清水秀，而乐居焉。

这里虽出现“大贤山”山名，但山名中“大贤”所指却不得而知。

明代万历七年（1579 年）的《沂水县重修织女洞重楼记》（燕崖镇历史上

① 参见王明珂：《反思史学与史学反思》，上海人民出版社 2016 年版，第 16 页。

属沂水县)碑文中解释山洞命名的原因是“唐人闻个中机声,以故织女名”。碑文中还透露出织女和牛郎牵在一起的机缘:时任知县在视察大贤山时,与住持道人大谈玄妙之理,讲什么神仙洞穴必须得“秘”、得“虚”,道士“守者会公意,即礼多方金粟展力为之,对面并起牛宫”。县太爷的一段谈玄,竟然引发了道人将织女洞和牛郎附会在一起的念头,并且马上付诸行动。第二年织女洞的对面、沂河的岸边就建起了牛郎庙(牛宫),“于是乎,在天成象者,而在地成形矣”。

生活于此的孙氏家族却把大贤山的名称与自己家族的发展密切联系在一起,家族内部的乡土认同与历史荣耀感促使孙氏作出与官方不一样的选择。定稿于1937年的《沂水孙氏宗谱略》,提供了牛郎官庄村孙氏家族迁居此地的最初时间。据为谱书作序的孙家的外甥、前山东省议会议员顾石涛考证,孙氏“居沂水牛郎官庄一支今已十余世,上推迁沂年岁,当在明代末叶”。至宗谱成书的民国年间,这支沂水孙氏已繁衍至十五世。孙氏家族从明末由直隶枣强辗转迁到山东沂水牛郎官庄之后,起初家族发展并不是很快。“孙氏在清世道光咸丰间,为族不過数家”。但是孙家迁到此处之后就积极发展家族势力,耕读传家,“安于耕稼,以守先而待后,洵不失为贤子孙,有心者不敢谓祖德兴业可以世庇,常念先人兢兢业业缔造培植之艰,维系之苦心”,孙家靠勤于耕种发家之后就将自己的子孙送进学堂,广受教育。“而其群从子弟,从名师读能毕群经习帖括业者盖十数”,自此之后孙家靠读书、授书在乡间获得了好的名声,“负笈就学者盖常来自百里之外”。

七世之后,孙氏家族逐渐靠读书取得功名在乡间具有声誉,“至七世有入郡庠为诸生者,至十一世文武生员殆十人”。这时孙氏家族不仅在乡间有好的声誉,“孙氏一族,其闻望气力名及数邑”,而且家族实力也大大增强。“孙氏既拥厚赀”,人数较以前也大大增多,“子姓已三十余家”。孙氏从七世开始发展壮大,直到十一世。翻看孙氏宗谱,可以断定孙明远几乎是孙氏家族迁居此地之后功名、财富以及社会威望最杰出者。孙氏为了自己家族在当地的发展,将家族内最有威望者与当地的名胜勾连在一起,用名胜之“名”来壮本家族之“名”,这是孙氏家族在家族发展过程中所面对的社会现实情境。

当我们明白这个道理之后,我们就不必纠结大贤山之名由来的真实原因,更不必去探求其背后的“历史事实”,因为对于历史这条滔滔不息的长河

来说，它需要面对的社会现实情境太多太多了。

有关大贤山的传说，我们除了解它名称来历的传说之外，还需要了解叶籽银杏、天孙台和天孙泉等传说，这些景物寄身于大贤山，其本身就是大贤山不可分割的有机组成部分。

叶籽银杏 大贤山有一棵果实结于叶片边缘的银杏树，至今已有1400多年，仍枝繁叶茂。该树东北方向的枝条，果实结在叶子上。这是一种奇特的植物现象，其形成原因至今还没有科学定论，专家称之为“叶籽银杏”，而且全国也独此一株，十分罕见。关于这种奇特现象，在当地流传着这样的说法：

织女执意追随牛郎，玉皇大帝和王母娘娘大怒，决定不再要这个女儿。王母拔下头上玉簪，在织女和牛郎之间划了一条天河，把两个情人隔开了。天河降落，就是现在织女洞和牛郎庙之间的沂河。

时间长了，王母娘娘想女儿，悄悄来到织女洞看望织女，见其孤苦伶仃，相思成病，非常心疼。王母走到织女洞南，坐在岩石上，因为疼爱女儿，禁不住掉下泪来。一串串泪珠落在岩石上，立即成了一眼仙泉。王母抚摸着身边一棵小树说：“这仙泉是专为织女而设的，你在此守望它，让它永远清澈、甘甜。”这就是天孙泉，泉水永远清醇、甘洌。

次日，织女发现仙泉，低头喝水时，不小心头上一颗宝珠掉进泉中，织女仔细寻找，怎么也找不到。这时，忽然刮起一阵轻风，泉边那棵小树树叶“沙沙”作响。织女抬头一看，见树叶奇特，如同美丽的小扇，再仔细看，却发现自己丢失的宝珠竟托在树叶上。她不禁感叹道：“树啊，我与牛郎身居两地，戴漂亮的宝珠给谁看呢？你先为我收藏，待到七月七日与牛郎相逢时，我再戴吧！”

七月七日，织女到天孙泉小树旁来取宝珠，忽然发现每个树叶上都托着一个与宝珠一样的仙果。织女摘了一颗品尝，味道清香、鲜美，吃下后顿感神清气爽。织女摘了一些，给牛郎和孩子们带去。

年复一年，牛郎和织女的后代在此地结婚生子，逐渐发展成为村落，叫“牛郎村”。而天孙泉旁边的小树也已长成了参天大树，每年都在

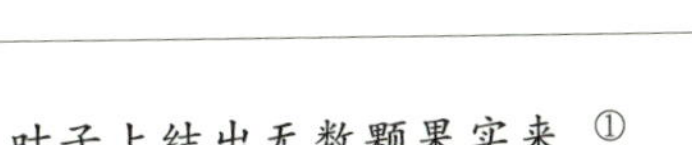
叶子上结出无数颗果实来。①

而曾经驻守大贤山的道士张守安却说，银杏树是张道通栽的，叶籽银杏是织女的耳环变的。当织女从天宫降落时，她佩戴的耳环不小心被树枝挂住了，丢失的耳环恰好掉落在此地的银杏树叶子上，从此银杏就结在叶子上了。

大贤山上的叶籽银杏树

天孙台 清朝嘉庆年间邑人土松亭在游览大贤山时，凭栏远望，曾赋《登织女台》诗二首。其中一首写道：

天孙台上望仙楼，危槛平临景物幽。
山径南随林麓转，沂河东折古今流。
泉溪声急晴疑雨，松柏风寒夏亦秋。
但于此间得少趣，寻源何事问牵牛。②

大贤山山上的“大石台”就是诗中提到的天孙台。据说，天孙台是王母娘娘来此探望织女时形成的，也是人们夏季观看牛郎星、织女星的最佳位置。③

---

① 陈茜主编：《沂源民间文学》，第52～53页。
② 政协沂源县文史资料征集委员会编：《沂源文史资料》第1辑，1985年，第134页。
③ 张守安，男，燕崖镇燕崖村人。访谈时间：2006年3月。

天孙泉 天孙台旁边有一眼泉，名曰“天孙泉”，也被称作“织女泉”。此泉久旱不枯，久雨不溢，严寒不冻，清澈甘洌。据说该泉也与牛郎织女有关。

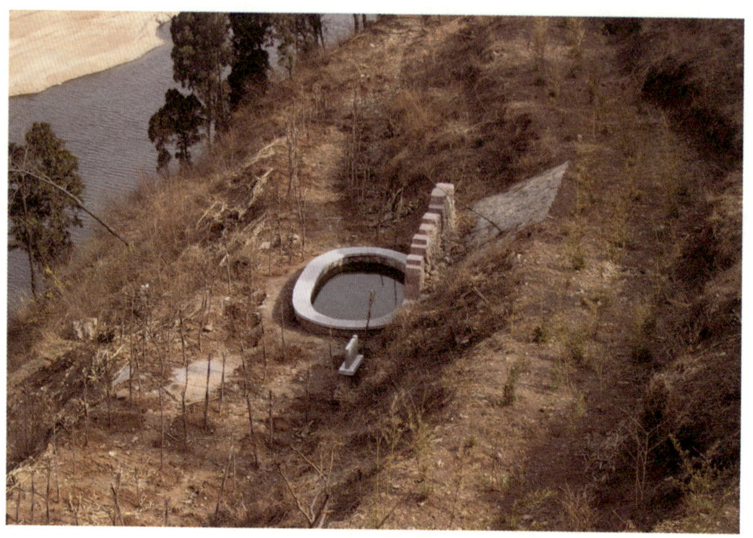

天孙泉

日本民俗学家柳田国男对口头传说与当地风物的密切关系特别关注，他认为：

> 传说的核心，必有纪念物。无论楼台庙宇、寺社庵观，也无论是陵丘墓冢、宅门户院，总有灵异的圣址、信仰的靶的，也可谓之传说之花坛、发源的故地，成为一个中心。奇岩、古木、清泉、小桥、飞瀑、长坂，原来是像一个织品的整体一样，现在却分别而各自独立存在，成了传说的纪念物。尽管已经很少有人因为有这些遗迹就把传说当真，但是毕竟眼前的实物唤起了人们的记忆，而记忆又联系着古代信仰。①

叶籽银杏、天孙台和天孙泉都属于纪念物，它们不仅是当地产生牛郎织女传说的客观凭借，更是增加传说可信度的媒介物。

① 参见[日]柳田国男：《传说论》，第 26～27 页。

大贤山上的织女泉

(二)张道通传说

对牛郎官庄村民而言，张道通是他们最熟悉的陌生人。说其熟悉是因为几乎本庄村民无论大小都能对其言说一二；说其陌生是因为他并不是本庄的村民，而是一位距今近千年的道士。《沂水县志》卷一记曰：“唐羽士张道通寿年三百岁，作迎仙观，羽化于此。”卷八又记曰：“张道通，齐人，天宝时栖于东莞县织女洞中，年三百岁作迎仙观于其下。”现在大贤山药王殿旁还立有一座金代石塔，塔上刻有文字：

三皇五帝，自有生民以来，先师乃莫州人也，自前代庚戌十二月二十八日降生，长年一十六岁，姓张号道通，遇鬼谷真人，夜梦传授金丹秘诀明文，后游长白山朗明洞，又得董真人传授，遍历诸州，而来此地，栖于大贤山织女洞，乃同众徒登眺峰巅，山清水秀而乐居焉，此处炼丹砂，施散四方，药无不应，天限忽临，寿年三百一十八岁，至泰和六年岁次丁卯正月十一日超脱凡胎，羽化而去。今有弟子丁守全勒石以记之。

大仙山上关于张道通石塔的介绍

塔文记载了张道通的个人经历，其乃莫州（河北任丘）人，16 岁时外出学道，先后师从鬼谷子和董真人学习道法。学成之后，自己外出寻找道场，历尽千辛万苦之后最终落脚大贤山织女洞，率领众徒弟在此练丹砂救助百姓，享寿 318 岁之后羽化而去。这座石塔成为当地人衍生张道通传说的重要依据，传说关于张道通其人学道、落脚大贤山、修建织女洞、授徒、炼丹、长寿等标志性事件，被民众以传说的方式记忆、演变、传承，至今还活跃在民众的生活里。

在这些有关张道通的传说中，最为民众津津乐道的是其落脚大贤山的故事，这类故事重点强调张道通谨遵师命，下山寻找落脚地必须满足若干个条件方可。这些条件多为三到五个，具体为：鱼打鼓、驴骑人、人戴铁帽、扁担开花、三丈二尺高的茅草、七牛耕地等非日常生活场景。这些场景在生活中原本属于根本不可能出现的情况，但当张道通来到此地之时，这些情况却一一呈现。这些富于传奇性的表述将合乎逻辑的生活形态加以剪裁、集中、虚构、渲染、夸张、幻想，通过偶然的、巧合的，以至“超人间”情节来引起故事的转变，使故事情节的发展既在情理之中，又在意料之外；既给人以真实感，又比较曲折离奇，达到引人入胜的效果。

张道通落脚大贤山之后，就安心经营自己的事业，广收门徒且修建宫室。在民众的记忆里，大贤山上的所有庙宇建筑都是在张道通的主持下修建的。张道通在此修炼丹药，救济百姓，获得了良好的名声，当其发愿要修建宫室时，就给四周村落里的村民发帖，招民夫帮忙盖庙。因为天老爷地位最高，便首先修建玉皇庙；接着按照从高到低的顺序依次修建了灵官庙、药王庙、龙王庙、四大天王庙、三官老爷庙、送生娘娘庙、织女洞等。这些庙宇从上至下散列在大贤山上，山环水抱，均为一方形胜。

新修复的药王庙及记载张道通事迹的石塔

庙宇风水不仅关系到自身香火的兴旺与否，而且对所在地域的整体风水有所影响，因此其选址与建造须遵循一整套严格的原则。庙宇的建造不仅要近水，也要有山相配。

但风水格局的高下，并非决定神庙灵验的唯一因素。相比而言，社群聚居过程中所形成的宗教传统也至为重要。从风水来说，大贤山上香火最旺，盛名最高者莫过于织女洞，原因在于此庙由来已久。相传，唐朝时期就有人在此听到洞中“札札”机声，宋朝时期已经有大量的香客到此进香许愿。而且此洞深不可测，当地传说它与中庄镇后峪子村北山上的神福洞相通，织女洞本身就具有神奇性：

当年织女洞迎仙观老道长要亲自试探两洞是否相通，于是他选择良辰吉日，准备与一小道童入洞。事先叮嘱小道童道：“进洞后，无论看

> 到什么东西都不要拿。”然后与道童带上一筐蜡烛进了洞，点着蜡烛照明，往里行进。师徒二人往洞内走，看到洞内有水、桥、石鼓，还有金鱼、金蚕等。小道童觉得稀奇，趁师父不注意，偷偷将一对金蚕装进口袋。忽然，老道长手中的蜡烛很快燃烧，一根接一根。不一会儿，一筐子蜡烛就要用完了，还不知道何时才能走出洞去。老道长急了，料定必有缘故。问小道童有没有拿洞中的东西。小道童撒谎说没拿。道长说：“你如果拿了，赶快放回去，不然我们就出不去了。”小道童害怕了，从口袋里掏出金蚕向师父谢罪。道长说：“你赶快把它放回原处。”道童跑着把金蚕放回去。
>
> 不一会儿，蜡烛用完了。老道长只好将自己的右手中指咬破，默默念动咒语，点燃了中指照明，师徒二人才走出洞来。
>
> 师徒走出洞口，回头一看，洞口上方果然写着“神福洞”三个字。两洞相通被证实了。
>
> 从此以后，再也没人敢进洞去。①

庙宇选址之后，张道通与周围民众一起积极修建道观宫室。而按照大贤山驻山道士张守安的说法，张道通并没有修建织女洞，而是把已经占为己有的织女洞让给织女作为寄身的圣地，还在织女洞内供奉了泰山老母、观音老母、王母娘娘等女性神灵。

以张道通为代表的道教是当地的宗教传统，至今对牛郎官庄的村落空间格局以及民众生活都有较大的影响。但是对比其他史料可知，道教在此地的发展并不是一帆风顺的，例如当地民间还活跃着这样的传说：

> 传说，古时这里的人们勤劳，但无衣着。一年轻女子从远方迁居洞中，当地人送食进汤，使这女人颇为感动，就拿出桑籽，抛满山野。桑叶滴翠时，她就教当地村姑养蚕，后又教她们缫丝、织锦缎。那架织机就安设在这座洞中，姑娘领村姑们日夜赶织。锦缎将要织成时，一个恶道人手执宝剑冲入洞中，妄想杀死织女，抢走锦缎，就挥剑向织女砍去。织女手拿织梭猛地一挡，一道白光闪出，把恶道人吓昏倒地。织女走出洞来飘然腾空飞向天河边。人们看到她化为光焰四射的星辰。那恶道人醒来后，仍

① 陈茜主编：《沂源民间文学》，第54～55页。

不甘心，又执剑去割机上的锦缎。锦缎化作一股澎湃的碧波，把恶道人冲出洞来。这股碧波顺山势而下，滚滚向南流去，就是现在的沂河。从那以后，沂蒙山一带人们学会了养蚕织锦。人们怀念那位姑娘，称她为“织女星”，称洞为“织女洞”，并在洞中塑彩像一尊纪念。①

当地的道教传统可以追溯至中唐年间，在此之前当地盛行的宗教是佛教，但有宋一代，道教在此地逐渐取代佛教，成为主流宗教信仰。至1944年沂源县解放，这里的宫观庙宇皆由道士管理，数百道士生活在大贤山上，牛郎官庄村民皆为替道士扛活的苦力。每逢正月十六、三月初三、七月初七，当地便在织女洞举行庙会，届时四乡民众，商贾摊贩以及文人雅士云集于此，进香念佛，向织女祈拜。大贤山上这些道教宫室以及驻守此地的道士对牛郎官庄聚落的形成以及村落文化的塑造都发挥了积极的作用。上述传说中的恶道士象征了道教在此地艰难的发展过程，且此类传说并没有出现在牛郎官庄民众的记忆中，这应该是村民面对社会现实情境进行“文化选择”的结果。

被牛郎官庄民众作为茶余饭后谈资的还有张道通318岁的高寿，这常常让村民艳羡不已。村民认为，张道通其实可以活得更久，是因为他说话不留意，妄自尊大才羽化而去的。如村民周钦爱说：

> 这里庙上有个道士叫张道通，他管着这儿的庙宇。在他315岁的时候，他和徒弟说：“现在这天下就数我年纪最大。”说完后半空里突然有个声音说：“哪里是你年纪最大，我才是最大的呢。”随后张道通就生病了，一直病了三年，去世的时候是318岁。②

这则传说其实是一种语言禁忌，意在规劝说话要留有余地，不能太满，否则就会带来灾祸。这种心理其实源于原始初民对于超自然力的恐怖与敬畏的信念。当地百姓崇信自己的言语中有魔力，对于语言和事物不能明确分开，以为语言即是它所表达的人和物本身。在笔者的田野调查中，也遇到了两件类似事情。2006年，我们首次到牛郎官庄调查，询问村民韩凤祥的年纪和属相时，她告诉我们她属小龙（蛇），78岁。2007年当我们再次对她询问同样的问题时，她说自己属小龙，90岁。同样的事情也发生在驻山道士张守安身

① 政协沂源县文史资料征集委员会编：《沂源文史资料》第1辑，1985年，第145页。
② 周钦爱，女，牛郎官庄人。访谈时间：2008年4月。

上,也是把自己的年纪往大了说,不肯说出自己的实际年龄。这也许与国人过分注重生死、把死亡看得太可怕有关吧。

(三)其他传说故事

冬夏农闲时节,本庄民众喜欢围聚在一起拉呱,女性喜欢闲话左邻右舍的家长里短;男性村民喜欢讲一些帝王将相的人物传说,主要包括王莽赶刘秀、杨家将、南蛮盗宝等传说。每个男性都希望是历史的英雄,成就一番功业,即使对于这些身处在边缘地区的底层民众而言,他们也是借传说评点历史,表达自己的政治主张与理想。

"王莽赶刘秀"传说是流传最为广泛、数量最多的帝王传说。它的流传区域包括湖北、河南、河北、山西、安徽、陕西、山东、上海、安徽、青海等地。刘秀成长于湖北,举兵于湖北,长期与王莽作战于河南、山西、河北等地,因此湖北、河南、山西与河北是核心传说圈,这些地方至今留存着大量与刘秀、王莽相关的风物、遗迹和风俗。正如有学者指出,"王莽赶刘秀"传说涉及各处地名、山名、食物、庙宇等名称的来源,这与解释性神话是相通的,所以"王莽赶刘秀"很大一部分传说也是地方风物传说。牛郎官庄村民所讲的刘秀传说几乎都与本地周遭的景物、村名有关:

> 王莽篡汉以后,天下各路人等纷纷抗议,各地战争不断。其中王莽和刘秀之间的战争最激烈,有一段时间刘秀打不过王莽。刘秀兵败之后,王莽就带着大队人马在后面追。刘秀逃到一个地方后,人困马乏,这时正好有个人在旁边犁地,刘秀一看,四周无处躲藏,而后面王莽的大队人马已经快到了。怎么办?他就冲那个犁地的人说:"你看能不能想办法救我一命,后面的人断我,断上我就没命了。"皇帝有天命啊,那个犁地的人一看刘秀人比较和善,可能是好人,就答应了。于是他把这个犁使劲往下一摁,把牛一拉,犁了一个深沟。他跟刘秀说:"你趴在这个沟里,我想办法让你混过去。"刘秀下了马就趴在这个沟里,他拉着牛,掉过头来又深耕了一犁,把刘秀盖到犁沟里去了。以后,这个地方的庄名就叫"犁掩沟"。[①] 王莽追击刘秀到了这里,问这个犁地的人说:

① 孙兆华,男,牛郎官庄人。访谈时间:2006 年 3 月。

"你看到一个人骑着马上哪儿啦?"这人就装哑巴,"啊啊"地不说话,用手随便往东边指了指。王莽的兵就朝着那个方向追去了。他指的那个地方,现在叫"东指村"。①

犁掩沟东边有座水库,以前没建水库的时候那里有口井,叫"扳倒井"。传说,刘秀走南阳的时候败到这里,口干舌燥,看见这里有口井,井很深,喝不着水。刘秀就说:"要是老天有眼可怜我,能不能让这个井歪歪,让我喝点水?"说完这个井就慢慢地倾斜了,水都溢到了地上,刘秀就趴下喝水解了渴,这个地方现在就叫"扳倒井子"。②

一般而言,王莽赶刘秀的传说结构情节比较简单,主要围绕王莽与刘秀之间的追逃展开叙述。在二人的追逃过程中,遭遇各种困境的刘秀都能逢凶化吉,成功脱险。因此,这类故事的情节链可以归纳为:刘秀被王莽追赶—遇到困难—得到帮助—成功逃脱。这其中,又以"得到帮助"为叙述重点。刘秀每次遇到困难或危险,总会恰巧出现一个救助者,救助者的形式多样,天地神人、飞鸟走兽、花草树木,几乎都是他的救助者,具有很强的神话色彩。伴随故事情节的跌宕起伏,刘秀每次遇难都能在这些救助者的帮助下转危为安。这是"王莽赶刘秀"传说的核心部分,一方面是传说与历史相符,另一方面是夸张、渲染、幻想的创作手法的创作结果。

阻隔牛郎庙与织女洞的沂河

① 解明泉,男,燕崖镇刘家庄人。访谈时间:2008 年 4 月。
② 孙启忠,男,牛郎官庄人。访谈时间:2006 年 3 月。

按照情节的侧重点，活跃在牛郎官庄村民口中的“王莽赶刘秀”传说大体可以细分为逃难、报恩两类：犁掩沟、扳倒井、东指村故事叙述的侧重点在刘秀逃难；而刘秀与桑树、刘秀封城隍以及太平官庄娘娘都属于刘秀分封报恩的故事。在逃难过程中，刘秀自己的个人魅力贯穿着整个“王莽赶刘秀”传说，使故事情节起伏跌宕，神话色彩浓厚，也表达了民众的爱憎情感。这是传说的需要，更是社会的需要。自带光环的神奇力量在于要表达刘秀统治天下是苍天庇佑，合乎天理的。在这些关于刘秀个人神奇力量的传说中，同时也包含了人们对刘秀的崇拜之情以及对乡土的热爱之情，通过对地方传说的讲述而表现出来，他们不由自主地极力神化刘秀。如刘秀和桑树的传说：

刘秀走南阳的时候饥困了，吃桑葚子充饥。他说：“这个桑葚救了我的命，以后我要当了皇帝我就回来封桑树为树王。”后来他果真回来了，但回来的时候是秋天，树上已经没有桑葚子了。他找那个树上有好吃的果子的树找不着了。后来发现有个臭椿树结了种子，种子也发红，他想可能就是这棵树，于是就封椿树为树王。封为树王的椿树有什么特点呢？它不管在多么密的树林子里头，都能钻过树层蹿出来，意思是“宁在人下为人，不在树下为树”，其他树在树底下是长不起来的，唯有椿树什么树都压不住它们。桑树一看，心想：我救了你的命，你不封我，就气破肚子了。后来，桑树一到年龄，树干就破肚子。河边有棵柳树，认为皇帝不讲理，救他命的他不封，没关系的树他倒封了，也很生气，结果把自己气的脖子都歪了，号称“歪脖子树”。所以，柳树一上了年纪，树脖子上就会起个疙瘩。①

有学者认为，刘秀传说的历史根源就是古老的动物或植物由来的神话或解释性神话。而“植物相助”传说，是以生动的故事解释植物的由来或者特点，如马齿菜、桑树、槐树、苦菜等都救过刘秀。各地都流传着“刘秀误”的传说，即刘秀当上皇帝后，派人去嘉奖植物而出错的故事。传说中，刘秀派人封赏以前救过他的桑树，结果却错封椿树为树王，所以桑树总是长大鼓包，破“肚皮”；而椿树无功受禄，遭受天谴，一天天变臭；柳树为刘秀颠倒是

① 孙启忠，男，牛郎官庄人。访谈时间：2006 年 3 月。

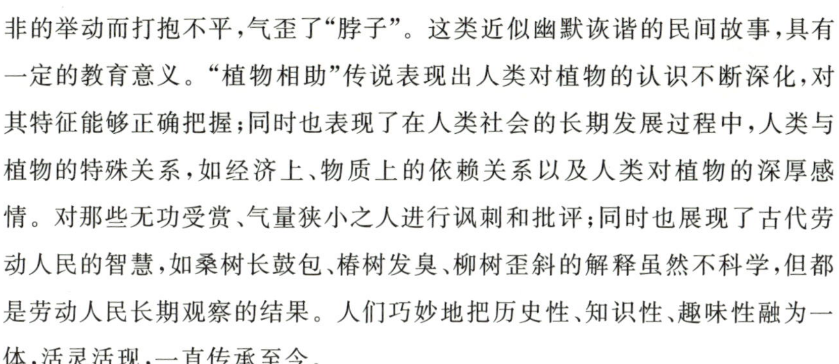

非的举动而打抱不平，气歪了“脖子”。这类近似幽默诙谐的民间故事，具有一定的教育意义。“植物相助”传说表现出人类对植物的认识不断深化，对其特征能够正确把握；同时也表现了在人类社会的长期发展过程中，人类与植物的特殊关系，如经济上、物质上的依赖关系以及人类对植物的深厚感情。对那些无功受赏、气量狭小之人进行讽刺和批评；同时也展现了古代劳动人民的智慧，如桑树长鼓包、椿树发臭、柳树歪斜的解释虽然不科学，但都是劳动人民长期观察的结果。人们巧妙地把历史性、知识性、趣味性融为一体，活灵活现，一直传承至今。

刘秀封城隍的故事也属于刘秀报恩的故事，这类故事中对刘秀施恩的不是动植物，而是活生生的人。刘秀以高官厚禄回报给予他帮助的人，但最终却造成此人的死亡。这类故事也属于“刘秀误”系列，即由于刘秀报恩却造成某人的误伤或误亡。牛郎官庄村民讲述的一则传说中借用了“介子推传说”的叙事情节，附会此人误解了刘秀的美意，逃到山中不肯出山，刘秀就放火烧山，本是想逼迫恩人出山受赏，结果却将恩人烧死。这样悲剧色彩的叙事情节具有悲壮之美。

牛郎官庄还流传着董永与织女、杨家将以及南蛮盗宝等各种各样的故事，这些故事都或多或少地与牛郎官庄产生着联系。例如，北宋时期杨家之所以尽忠心于赵家是因为大贤山风水的问题。而大贤山以及牛郎官庄这些风水宝地更是频遭南蛮子的光顾，原本可以荫庇后人的风水宝地被南蛮子变成穷山恶水，人才衰落。

第六章 村里的人 村里的事

从前的牛郎官庄地处沂博大道，不乏南来北往的行人，这些人不仅会在当地落脚休息，还会把外面世界的精彩讲给村民听。随着交通路线的变化，来牛郎官庄落脚的人越来越少，村民们聆听外面新鲜事的机会也越来越少。最后村民们只能三五成群，趁着农闲时节凑在一起拉呱。拉呱的主题，不再是品评外村或更远的世界，而只是追忆遥远的祖先和曾经辉煌的家族历史。在“遥望当年”的背后，是村人强烈的自我优越感和家族认同感。

一、抗日烽火下的牛郎官庄

> 一九三七年(哪)，鬼子就进了中原(啊)，先打开卢沟桥，后打开山海关(哪)，火车道就通到济南(哪嗯哎哟)，鬼子就放大炮(哇)，八路军就拉大栓……

山东是抗击日本侵略的重要战场，尤其沂蒙老区，在抗日战争时期沂蒙人民用自己的双手为中华民族的独立立下了不朽功勋。山东兵工一厂就曾设在大贤山织女洞。

(一)织女洞兵工厂

七七事变之后，淄博矿工响应中共山东省委抗日救国的号召，于1938年

农历六七月份携带工具参加了抗日游击队。不久,他们在石匣峪办起了修械所,由杨竹泉担任该所主任。1938 年农历九月,八路军山东纵队司令部为了避开日寇飞机的轰炸,决定将修械所搬迁到沂源县鲁山南麓的千人洞。当时,由于日寇白天轰炸,所以搬迁工作只能在晚上进行,且搬迁全靠肩挑人抬。搬迁工作一直持续到 1938 年年底。

修械所搬到千人洞后,工厂不仅增添了设备,还扩大了规模,工人增至百余人。这时,修械所发展成为名副其实的山东兵工一厂了。然而几个月后,日寇发动了大扫荡,兵工厂又奉命迁到大贤山。大贤山悬崖如削,古柏满山。山下织女洞边有玉皇庙、药王庙和三官庙等古迹。院内银杏树高大挺拔,枝繁叶茂;院子周围草木葱郁,便于隐蔽。这里较千人洞的条件要好,可以在庙宇里安装机器。这时的工厂已拥有 4 部车床、1 台钻床、老虎钳和化铁炉等设备。八路军山东纵队任命邹国资为主任、杨兴忠为政委,负责兵工厂的工作。同时,为了保卫兵工厂,八路军山东纵队司令部又调来了回民连队担任警卫。

战时的兵工生产困难重重。工人生活异常困难,完全靠吃野菜、树叶度日。工厂所需原料,都是从敌占区弄进来的,有的是从敌人手里抢过来的,如钢铁往往要从敌占区扒铁轨;还有的是靠地下工作者从敌占区购买,如炸药、硫黄、焦炭和其他军工生产所需物资。从事这项工作的同志时刻都有生命危险。淄博的陈志伯、益都的高作胜都因为暴露了身份而被捕牺牲。

不久,兵工厂接到八路军纵队司令部的命令,说日寇要扫荡沂蒙山区,妄想摧毁兵工厂。于是,兵工厂决定将机器运往相峪掩埋起来,人员也化整为零,暂时转移。1939 年 6 月 8 日,兵工厂得到消息说日本鬼子已经到了鲁村,厂领导遂决定将全厂百余名工人和警卫分两路转移:一路直奔柳枝峪;一路途径韩庄南山的汉王崮,向沂山一带转移。当回民连队转移到绳庄时,与 1000 多名日本兵相遇。在激战中,杨政委、郑指导员、丁排长和 10 多名战士壮烈牺牲。

敌人扫荡之后,兵工厂的工人们陆续返回织女洞,但这时厂房、庙宇已被敌人轰炸焚烧成瓦砾废墟。银杏树弹痕累累,惨死的道士也躺在树下。工人们忍住深仇大恨,含泪安葬了烈士的遗体,又开始了兵工厂的重建。日寇扫荡虽给兵工厂带来了巨大的损失,但却扼杀不了工人们的抗日精神。在党的关

怀下，他们靠着爱国的激情和灵巧的双手，坚持生产，改进工艺，终于又先后生产出三棱刺刀、枪榴弹和机枪等武器，为抗日战争做出了巨大贡献。

(二)织女洞抗日道士

抗日战争时期，织女洞庙内住着三位道士，分别是师傅王元修，徒弟刘明仁和宋明武。这三位普通道士用生命谱写了一首保卫兵工厂的壮歌。

织女洞

1938 年夏天，为了扩大生产规模和躲避日寇的破坏，山东兵工一厂奉命从鲁山的千人洞搬迁到织女洞的庙宇里。1939 年农历四月，日寇轰炸东里店后，从东、西两路向织女洞一带进犯。为了兵工厂不被敌人破坏，工人们把车床沉入沂河，工具就地掩埋，做好了转移准备。四月二十二日下午，工厂派张荣田同志去燕崖侦察敌情。张荣田刚走到火石盖子，就发现北边一队日寇的骑兵向南飞驰，就赶快掉头向回猛跑。当他跑到织女洞山下时，累得一头栽倒在地便不省人事了。这时，正在山下的两位道士二话不说，跑上去就把张荣田扶了起来，一个背着，一个扶着，把他送回厂部。等张荣田苏醒过来时，日本兵已经离兵工厂不远了。

傍晚，日寇在南安乐村头架起机枪，支上小炮，向织女洞发起一阵阵狂轰滥炸。驻守在牛郎官庄的回民连队阻击不住，政委和厂长决定暂时撤离。他们先率领大家把工厂的机器和工具全部转移隐藏好，然后把队伍和工厂工作人员分两路转移，部队和工人们全部离开了织女洞。日本兵轰炸过后，仍怕山上有埋伏，当夜未敢贸然进厂。第二天天刚亮，日本兵就在炮火的掩护下上了山，进了庙，但一看啥也没有，于是恼羞成怒，放火烧了玉皇庙，并对全山进行了拉网式的搜查。躲在山南麓松林的道士王元修和两个徒弟，被日本兵搜了出来。翻译问他："八路军上哪儿去了？"王元修摇头说："不知道！"翻译又问："兵工厂的机器在哪里？"王元修仍旧摇头说："不知道！"其实，王元修和他的徒弟亲眼看着工人把红炉、工具等埋在附近松林的石堰里。

日本兵没有抓到八路军，又没有找到兵工厂的机器，就气急败坏地用绳子把这三个道士绑了起来，押到庙宇前，拴在银杏树上。日本兵再次审问三位道士，他们被折磨得死去活来，但始终不肯透露有关兵工厂的任何情况。就这样，他们师徒三人在半死半活中熬过了一夜。第二天天刚亮，日本兵就把他们三人从银杏树上解下来，押解到玉皇殿东侧的石碑前，拴在石碑上。不一会儿，一个日本兵头目带领着翻译和两个手持刺刀的日本兵走来，把王元修解下来拉到一边。像前几次一样重新审问王元修，王道士仍旧摇头不答。这时，两个日本兵挺起刺刀朝王道士身上猛刺，随着"噗噗"两声，王道士倒在血泊中。接着，日本兵又把刘明仁拉过去，照例问了一遍。刘明仁和他师傅一样，一句话也不说。凶恶的日本兵举枪朝刘身上乱刺，刘明仁也立刻倒在其师傅身边。

只剩下宋明武一个人了。夜里，趁日本兵不注意时，他偷偷地把绑绳磨断，想趁机逃跑，但他马上又放弃了这个决定，决定要死就和师傅死在一起。当他再次被拉到石碑前时，他仍旧反背着手，紧攥着绳子，装作被绑的样子。日本兵也一直没有发现这一点。这座石碑紧靠着一道石墙。石墙不高，一纵身就能跨上去。石墙下面是悬崖，悬崖下面就是沂河。眼看师傅和师兄都惨死在日军的屠刀下，宋明武暗想：等也是死，跑也不过是死，不如豁上吧！他下定决心，猛地把绳子一甩，纵身上了石墙，然后跳下了悬崖。正巧，悬崖半腰中有一些小松树把他挂住了，再加上松树旁有一个洞，他便急中生智打了个滚躲进了洞里。

看守的日本兵见他跳了悬崖，开始没反应过来。当他们明白过来是

怎么回事时，便像狼一样“嗷嗷”叫着，朝悬崖下乱打了一阵枪。但悬崖陡峭直立，下面的人上不来，上面的人下不去，日本兵一点办法也没有。宋明武死里逃生，等日本兵撤走之后，他才一瘸一拐地爬了出来。织女洞三个普通道士用生命和鲜血保卫了兵工厂，表现了崇高的民族气节和高度的爱国主义精神。

（三）牛郎官庄抗日民众

牛郎官庄邻近织女洞，村民们从小目睹日军的种种劣行，对日本人充满了仇恨。村民孙培俭21岁时参加抗战工作，在原沂水县城从事八路军地下工作，周旋于各汉奸队之间，为八路军搞情报、收物资，在沂水县城很有名气。1943年，他二弟在沂水县垛庄战役中英勇牺牲。他忍着丧弟之痛，在除夕夜离家又投入了抗战工作，取得了一个又一个胜利，立下了不朽的功勋。由于长期的艰苦工作，他落下了严重的肺病，于1945年回牛郎官庄老家养病。回来后，县委县政府多次请他出来工作，他自知身体不好，为了不给部队和政府增加负担，一直待在村里，直到1961年病逝，这期间他没有享受政府任何待遇或津贴。现在谈起此人，村民们都满怀崇敬之情。

在牛郎官庄史上为党为民立过战功的还有孙振乾烈士。他原在沂水县城从事地下工作，曾担任沂水县青年团书记。由于叛徒的出卖，他被日本鬼子抓捕。面对日本鬼子的威逼利诱，他宁死不屈，受尽各种酷刑，只字未吐，最后被恼羞成怒的日本鬼子活活喂了狼狗。他牺牲的时候只有23岁。

牛郎官庄的王富吉、王光现、孙盛昌、孙培新、孙培太烈士个个都是英雄，为革命事业做出了非凡功绩，他们是我们后代人学习的榜样。

二、孙氏家族文化的传承者

（一）文化人孙启文

从2006年进入牛郎官庄，孙启文就是一位“能说会道”的人，他是村民口中的文化人。当我们询问关于村中的一些人与事的时候，大多数村民总是谦虚地说：“俺知不道，启文知道。”他现在虽然只是村中一名“普通”的果农，但年轻时走南闯北的人生阅历造就了他的见多识广，进而成为村民口中的“能人”。

17岁之前，孙启文过着平淡无奇的生活，与大多数同龄的孩子一样玩耍、上学、毕业，回家干活。打发了几年时间之后，他在21岁时当兵到了浙江。四年的军旅生活不光锻炼了他的体魄，更增长了他的见识，部队派他到慈溪学习了一年的无线电。带着技术转业的孙启文重新回到牛郎官庄准备大干一场，但是山里的世界与外面的世界差距太大。他先是学木匠，后又学医，在村里做赤脚医生。后来由于赤脚医生的收入不能养活两个孩子，他不得不转行去做当时收入较高的石匠。石匠很累，但是一天可以有3元钱的收入，这可以维持一家四口的生活开支。随着儿女的长大、生活压力的减小，孙启文又开始“折腾”了，他重拾自己幼年时的爱好——写毛笔字。农闲时他喜欢跟大伙儿拉呱，尤其是七月七的时候，喜欢讲牛郎织女的故事。据说这些故事都是家里老人讲给他的。他回忆说：

> 以前出夫[①]的时候，晚上睡不着觉就给大伙讲各种各样的故事；自己也愿意把这些故事讲给孩子们。但现在家家都有电视，人也都忙着挣钱，不凑堆，尤其是孩子们更愿意看电视、玩电脑，根本不愿意听老人讲这些故事。

在与孙启文的交谈中有两个细节引起笔者的注意：第一是他谈《天河配》剧目衰落的原因。在他看来，《天河配》的勃兴和衰落都与当地剧团的演出频率和效果有关。在没有《天仙配》演出之前，当地剧团演出的是《天河配》，主要讲述牛郎织女的故事，故事情节与如今书本、电视上的内容情节区别不大。这些剧团经常到村里或者镇上演出，村民们常常串村观看，对于《天河配》的内容情节都能熟记于心。但是这种情况随着《天仙配》的演出发生了变化。相比较牛郎织女故事，大家更愿意观赏董永与织女的故事，并且剧团入村演出的频率越来越低，年轻的村民对于《天仙配》的内容都不太熟悉，更别说演出频率低的《天河配》了。第二是他对于自己的家族来源也与别人看法不同。孙氏其他族人在谈到自己的族源时多提到淄博的孙家大庄，但是孙启文却说自己的家族最早来源于山西，是从山西迁到孙家大庄再

① 即“出民夫”，指某个时期被抽出或派出担任临时性的修建、运输等工作。

迁往本庄的，这种说法在2008年孙氏家族去淄川孙家大庄重续家谱时得到印证。

现如今，60多岁的孙启文除了种地、种樱桃之外，就是对外宣传本村悠久的牛郎织女文化。他说他这一辈子都为自己是牛郎官庄的村民而自豪。早在他当兵时期就喜欢给战友讲述自己的家乡及家乡文化，现在随着牛郎官庄成为牛郎织女传说核心传承区的确认，他觉得自己更有责任讲好牛郎织女传说。

（二）乡村教师孙兆华

2006年调查时，在我们看来，80岁的孙兆华是牛郎官庄为数不多的文化人，也是村中为数不多领工资的人。以前家里条件不错，所以他12岁时在村里上了小学，14岁时去南安乐读高小，上了一年，因为战乱没毕业就回家了。1949年前后，因为具有高小的文化水平，他也算是乡里的文化人，就被派到乡里当民办教师，教识字班，教妇女认字，给夜校学生上课。后来学校缺人，就转成正式编制的教师，由原来的不脱产转成脱产的。1950～1957年，他在燕崖中心校任教，什么课也教。1957年退休回家，后来他也有机会再出去工作，但由于他家庭观念太强，就一直在家干农活，没再出去工作。

1986年，国家开始对乡村民办教师补助，孙兆华也有幸在这范围之内，现在每月都有310元的津贴，不过这津贴是按季度发放的。

孙兆华现在在家经常想起他小时候发生的事情，比如小时候参加儿童团青救会，单独去给山上的兵工厂送煎饼，还有就是1939年4月23日鬼子来村里烧杀抢掠的事，至今他还记忆犹新。

孙兆华由于具有一定的知识，所以对于牛郎和自己村庄以及家族的关系能拎得清。比如他说牛郎是神话人物，和自己的家族以及村落都没有关系。

三、生活中离不开的“能人”和“神人”

“先有牛郎庙，后有牛郎官庄。”牛郎官庄因庙而建，村民生计主要依附于大贤山上的道观道士。或许是因为这种天然的地缘关系，牛郎官庄的村落文化也总是浸透着宗教色彩，村中“能人”和“神人”特别多。

(一)带领村民致富奔小康的“能人”

村民孙兆军从1983年在沂源县城方圆教学仪器厂打工，善于探索和创新，从普通的打工者一路干到了厂长，生产的实验桌、实验柜、斜面小车、摩擦器等中学物理、化学教学仪器和小学教学综合性用具箱等都深受消费者喜欢，畅销本省各地市甚至全国各地，为提高教学质量，培养顶尖人才做出了突出贡献。村民孙丰合，10年前就开始尝试种植大棚樱桃，在牛郎村开启了大棚樱桃的先河，在整个燕崖镇也是最早的大棚樱桃种植户之一。而且他把致富经验无私传授给了20多个大樱桃种植户，手把手教他们管理大棚，为全村经济发展做出了积极贡献，也受到了村民的好评。除2亩多大棚外，他还管理着200多棵露天樱桃树，管理技术非常出色，生产出的樱桃质优价好，年收入近20万元，是村民致富的典范。

(二)算命、看风水、看日子的“神人”

耿贵爱是22岁时从南安乐嫁到牛郎官庄的，38岁时丈夫孙兆祥就去世了，从那时起她就寡居于牛郎官庄。她的身体不好，生活一方面来源于四个孩子的供养，还有一方面就来源于她给别人看日子、算命。

耿贵爱从48岁时开始给人算命，在算命之前她39岁时犯过一场大病，但后来无缘无故地就好了。从那以后，她说她的师傅杨文广就跟着她了。她没给杨师傅安供桌，也没有给他一分钱。在算命过程中，耿贵爱掐着左手，神态专注，语调平常，也没有出格的举动或异常的状态。她自称什么都算，也会看宅基地风水，来找她的人大都是本村的。她说这个“看”的能力，不能拜师学艺，只能是有师父跟着。所以表面看起来是她看病，其实是师傅在看病。她只会算，不会治病。

孙启忠是村里的聪明人，他几乎啥活都会干，木匠、石匠、泥瓦匠，无所不能。1995年干活的时候，他的腰被木头砸中，造成尾椎粉碎性骨折，至今瘫痪在床。他虽瘫痪在家不能外出，但他凭借躺在床上给人看日子或者编筐等仍能有些收入。

从1969年他就开始抄历书，学习看日子方面的知识。他家里有《婚元通

书》《增广家用万宝玉匣记秘书》《三元通书》《新编万年历》之类的书。他说看日子要用到十二生肖、天干地支；看宅子的话则是另外的知识；看病的时候，先加年庚，后加生病日期，然后三阴九除。本村看阴病的基本都来找孙启忠，年轻人找对象，看宅基地、看日子也来找他。从村民对他的评价来看，他是本村很值得敬重的人之一。

四、村落文化的守护者

牛郎官庄作为国家级非物质文化遗产保护项目的核心传承区，其村落文化的守护与传承除了本村村民之外，还有当地的地方文化学者，他们为牛郎官庄村落文化的守护与传承做出了杰出的贡献。

（一）文化馆长张宝祥

张宝祥是沂源县悦庄镇八仙官庄小山人，1961 年从沂源师范毕业后分配至县文化馆工作，在这里工作了 39 年，并且从 1966 年开始担任馆长，1990 年退居二线，2000 年正式退休。

小时候，张宝祥家门前有一棵老槐树，他常在树下听人拉呱，其中最崇拜的有一位大爷郑功锡，他会讲很多故事；还有他的父亲张可成、祖父张荣新，他们都会讲很多故事。他最喜欢听故事，小的时候听到的故事现在还都有记忆，如《八仙官庄的来历》《立正怕鬼》《拉荆笆》《狗拉犁》《火龙单》等。上小学的时候，他也听老师讲过一些故事，如《神兵破奇案》。

20 世纪 80 年代，国家将民间文艺十大集成列入“七五”计划文化工程，要求每个县搜集民间文学资料，张宝祥当时正担任文化馆馆长，所以参与了这项工作。从那时起至今，他一直注意积累民间文学素材。利用县文史资料，他也陆续发表了一些如《任尚书的传说》《回龙桥记》《李逵打虎》等文章。2005 年，县政协组织出版《沂源传说》，其中 90％的稿子是张宝祥积累整理的，该书已由中国文化出版社出版。沂源县文联组织出版《沂源民间文学》，包括民间故事、歌谣、谚语、歇后语、谜语、对联六部分，其中的材料基本上也是他积累的。在这期间他还发表过一些民间文学论文，如《沂蒙民间歌谣释析》《沂蒙儿童歌谣》等。1994 年，他将搜集的民间笑话改编成快书小段，出

版了笑话集《千金难买一笑》,将笑话以山东快书的形式搬上舞台。

(二)驻庙道士张守安

张守安是沂源县燕崖镇燕崖村人,俗名张明斗,道名张守安。他的道名是南安乐的大善人耿玉成帮忙取的,按辈分算,他是大贤山第二十代道士。

小时候,因为家里太穷,他到处讨饭。9 岁时,他被袭元方道长收为徒弟,从此上了大贤山。当时,道观里共有 42 个道士,袭元方是当家的,在道观里年纪和辈分最大的是 97 岁的许永乾道长。现今张道长知道的关于牛郎与织女的传说,都是听许道长讲的。当时,道观在山上有 138 亩土地,道士们不仅自己种田、种菜、养牲畜,还雇请牛郎官庄的村民为他们种田或者干零活。

张道长在大贤山上接受过一些启蒙教育,学习过《三字经》《百家姓》《千字文》等。

大贤山上的张守安道长

1946 年,沂源县成立人民政府,第一任县长岳红春带人上山宣布解散道观,时年 18 岁的张道长离开了大贤山。1947 年秋天,他报名参加了解放军,曾参加过抗美援朝战争。1997 年正月,他重回大贤山,靠香火钱维持生活,有时候还从家里往山上带粮食。庙会时,他帮人求签解签、指点香客进香许

愿、劝人行善积德。

2007 年 11 月，张守安道长去世。他是我们每次必访的对象，大贤山、织女洞、张道通传说、牛郎官庄以及牛郎织女传说等很多地方性知识都是他传递给我们的。作为牛郎织女文化的重要传承人，他永远值得我们怀念。

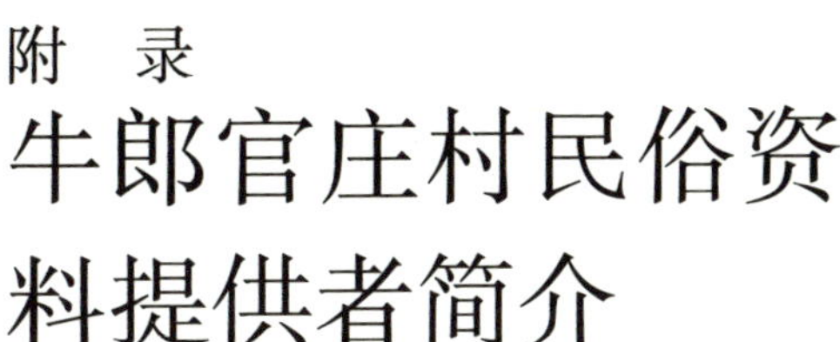

附　录
牛郎官庄村民俗资料提供者简介

孙兆华：男，牛郎官庄人，生于 1927 年，曾参加过淮海战役，任担架夫，后在村中做木匠。

孙培福：男，牛郎官庄人，生于 1927 年，曾参加过淮海战役，任担架夫，上过马家河西的职业学校，后辍学在家务农。

孙启荣：男，牛郎官庄人，生于 1935 年，师范毕业，1952～1962 年当过十年的老师。1962 年因故辞职回家务农，从 25 岁开始义务操办村里的红白喜事的宴席。

孙启忠：男，牛郎官庄人，生于 1944 年，曾担任本村生产队长，干过木匠、石匠，能掐会算，是村中的能人，为织女洞、牛郎庙的重修出力不小，后因干活砸伤腰部，瘫痪在床。

孙启文：男，牛郎官庄人，生于 1955 年，初中文化，曾参军入伍，后担任过本村两届党支部书记，是村里的文化人。

韩凤祥：女，娘家是辉村，生于 1926 年，1949 年嫁入牛郎官庄，在家务农。

李传叶：女，生于 1944 年，1967 年嫁入牛郎官庄，在家务农，还得照顾瘫痪在床的丈夫孙启忠，现在是大官庄年龄较大香社的香头。

耿贵爱：女，娘家是南安乐村，生于 1944 年，1965 年嫁入牛郎官庄，在家

务农。

苗永香：女，娘家是朱家泉村，生于1949年，上过几年夜校，年轻时在娘家是村里宣传队的队员，带领村里人唱革命歌曲，背诵毛主席语录。1970年嫁入牛郎官庄，在家务农，现在是小官庄香社的香头。

耿国芝：女，娘家是南安乐村，生于1966年，小学毕业，1989年嫁入大洪峪村，曾在织女洞景区工作了11年，是牛郎官庄村香社的香头。

周钦英：女，娘家是北安乐村，后嫁入牛郎官庄，任牛郎官庄妇女主任。

朱乐花：女，娘家是砧[illegible]村，2005年嫁入牛郎官庄，在家务农。

马贵义：男，沂源县中庄镇人，生于1972年，入赘牛郎官庄，与妻子沈友娟租住村委会的房子开办制鞋厂。

解明泉：男，燕崖镇刘家庄人，曾担任过教师、会计、村团支部书记、队长、书记，后因工作出色，调至燕崖镇工作。最初做计生工作，后在牛郎官庄驻村，担任老干部委员会主任长达10年之久，2008年内退。由于丰富的生活经历，他见多识广，讲述的传说故事数量多、题材多，主要以沂源县境内的自然风物传说、历史人物传说为主。

张宝祥：男，沂源县悦庄镇人，1961年从沂源师范毕业，曾任沂源县文化馆馆长25年，担任过淄博市曲协副主席、沂源县曲协主席。编辑出版了《沂源民间文学》《沂源传说》《沂源民歌》等，其讲述的传说故事主要来源于他本人多年来在农村基层的田野采风。

张守安：男，沂源县燕崖镇燕崖村人，9岁在大贤山迎仙观当道士，后被迫还俗，曾参加过华东野战军，参加过渡江战役、抗美援朝战役。20世纪60年代，转业至沂源县商业局，后回家务农。1997年因为织女洞景区开发，重新返回大贤山做道士。2007年因病逝世。

后记

曾经多次与导师叶涛同行，当导师叫我“大郭”时，旁边的人都会惊问“老师为什么称学生为‘大’?”还有的直接问：“她为什么叫大郭?”每当这个时候，导师都会用手指一指我说：“让她自己说。”“大郭”是我生命特定时期的衍生物，它属于山东大学民俗学研究所和牛郎官庄村民！

2006年春寒料峭的时候，我们在李万鹏老师、叶涛老师的带领下首次进入沂源县牛郎官庄，这是外界第一次对牛郎官庄投以关注的目光。同级中还有一位姓郭的同学，但是她比我年龄稍小，比我瘦，更比我漂亮。带我们去调查的李万鹏老师为了区分我俩，便说：“你年龄大，就叫你大郭，她小就叫她小郭吧。”从此以后，“大郭”“小郭”便成为我俩的固定称谓。上至所里的各位老师，下至同门师兄妹，都直呼我们“大郭”“小郭”。受所里师生的影响，牛郎官庄的村民以及沂源县的各位朋友也是如此称呼我们。如今算来，这个称呼已伴随我十年之久！每当我到牛郎官庄回访时，村民都会亲切地询问：“大郭来了，小郭呢?”

牛郎官庄是典型的鲁中山区，“春脖子长”，气候寒冷，但是大家在老师的带领下，克服环境以及生活困难，每天十三四个小时浸在村子里走东家串西家。中午十几个人吃一个菜，大家围立在村委大院里啃咸菜、吃馒头，天黑之后再到李老师处交流调查收获，调整布置第二天的调查任务。其间发生了很多让人啼笑皆非的事情，现在回忆起来，亲情满满！一周以后，当坐在返回济南的大巴上，大家都心照不宣，终于逃离这个“饥寒交迫”的“鬼地方”了！与其他同学不同，我直到现在都没有逃离牛郎官庄这个“鬼地方”，反倒与她越走越近。她已经成为我生命中不可割舍的一部分。

2006～2017年十年间，我几乎每年都要重返牛郎官庄，与韩凤祥、孙启忠、李传叶、苗永香、孙兆华等可爱的村民，沂源县文化局的数任局长及工作人员，文化馆馆长张宝祥，燕崖镇的尹翠云、解明泉等在交往中都结下了深厚的感情。他们全方位地无微不至地照顾我，让我越来越依恋这个地方。牛郎官庄给予我的东西太多了！我以牛郎官庄为田野调查地点，分别获得了硕士和博士学位，但是我对牛郎官庄以及这些可爱的村民却无以回报。2016年夏天，恰逢山东大学民俗学研究所张士闪教授主编《山东村落田野研究丛书》，承蒙不弃，邀我书写《牛郎官庄》一册，我欣然从命。作为一名读书人，唯有用笔记录牛郎官庄这些可爱的人和事才能回报他们一二。

我爱牛郎官庄，更爱山东大学民俗学研究所的老师和同学们！

郭俊红

2017年9月

图书在版编目(CIP)数据

牛郎官庄/郭俊红,王园著. —济南:山东大学出版社,2017.12

(山东村落田野研究丛书/张士闪,李松总主编)

ISBN 978-7-5607-5919-7

Ⅰ. ①牛… Ⅱ. ①郭…②王… Ⅲ. ①村史—沂源县 Ⅳ. ①K295.25

中国版本图书馆 CIP 数据核字(2017)第 328676 号

责任策划:傅 侃
责任编辑:刘森文
装帧设计:牛 钧

出版发行:山东大学出版社
社 址 山东省济南市山大南路 20 号
邮 编 250100
电 话 市场部(0531)88363008
经 销:山东省新华书店
印 刷:山东华鑫天成印刷有限公司
规 格:720 毫米×1000 毫米 1/16
11 印张 169 千字
版 次:2017 年 12 月第 1 版
印 次:2017 年 12 月第 1 次印刷
定 价:38.00 元